W0399156

Mit Online-Materialien!

deutsch.training 8–10

ARGUMENTIEREN UND ERÖRTERN

Arbeitsheft für die Klassen 8 bis 10

Sabine Utheß
auf der Grundlage von Materialien
aus deutsch.punkt und deutsch.werk

Ernst Klett Verlag
Stuttgart · Leipzig

INHALT

SCHÄTZE DEINE LERNFORTSCHRITTE SELBST EIN

Diese Kapitel habe ich bearbeitet:

Eine Argumentation vorbereiten

KAPITEL	SEITE	BEARBEITET AM	PRÜFE DICH SELBST ERLEDIGT AM	ÜBEN UND ANWENDEN ERLEDIGT AM
Argumente sammeln und prüfen	6–9			
Argumente gewichten und ordnen	10–15			

Mündlich argumentieren

KAPITEL	SEITE	BEARBEITET AM	PRÜFE DICH SELBST ERLEDIGT AM	ÜBEN UND ANWENDEN ERLEDIGT AM
Kontroverse Gesprächsformen	18 f.			
Die Diskussion	20–25			
Die Debatte	26 f.			
Die Podiumsdiskussion	28			
Die Konferenz	28 f.			
Die Talkshow	29			

Schriftlich argumentieren

KAPITEL	SEITE	BEARBEITET AM	PRÜFE DICH SELBST ERLEDIGT AM	ÜBEN UND ANWENDEN ERLEDIGT AM
Verschiedene Arten der Erörterung unterscheiden	34			
Die freie Erörterung • Eine freie Erörterung vorbereiten • Die lineare Erörterung • die Pro- und Kontra-Erörterung • Schriftlich Stellung nehmen	34–53 35 36–41 42–50 51–53			
Die textgebundene Erörterung	54–58			

Diese Übungen aus dem Kapitel „Üben und Anwenden" habe ich bearbeitet:

Eine Argumentation vorbereiten

AUFGABEN	BEARBEITET AM	AUFGABEN	BEARBEITET AM
Seite 64 f./1–6		Seite 70 ff./1–7	
Seite 67/1–4		Seite 73/1–3	
Seite 68 f./1–7			

SCHÄTZE DEINE LERNFORTSCHRITTE SELBST EIN

Mündlich argumentieren

AUFGABEN	BEARBEITET AM	AUFGABEN	BEARBEITET AM
Seite 74 f./1–4		Seite 80/1–4	
Seite 76–78/1–7		Seite 82 f./1–5	
Seite 78/1			

Schriftlich argumentieren

AUFGABEN	BEARBEITET AM	AUFGABEN	BEARBEITET AM
Seite 85–87/1–10		Seite 90/1, 2	
Seite 87/1–6		Seite 91/1, 2	
Seite 88/1–3		Seite 92 f./1–4	
Seite 89 f./1–7		Seite 93/1–3	

Zu diesen Themen haben wir mündlich argumentiert:

Zu diesen Themen habe ich eine freie oder eine textgebundene Erörterung verfasst:

Das kann ich gut:

Das habe ich gut gelernt:

Das muss ich noch üben:

1 Argumente sammeln und prüfen

Wenn du dich auf eine **Argumentation vorbereiten** willst, kläre zunächst das Thema, informiere dich genau über das Problem, sammle Argumente sowie Belege und Beispiele. Du kannst dafür verschiedene **Arbeitstechniken** nutzen, z. B. eine Mind-Map, ein Cluster, eine Tabelle anlegen; verschiedene Texte zum Thema erschließen; Umfragen und Interviews durchführen; ...

A

BEISPIEL A:

B

Schuluniformen verbessern Sozialklima und Konzentration

Die einen diskutieren nur noch über Jeansmarken, die anderen verwechseln das Klassenzimmer mit der Disko. Weil beides den Unterricht stört, steht das Thema Schuluniformen immer häufiger auf der Tagesordnung von Elternabenden, Schülervertretungssitzungen und Schulkonferenzen. Die Justus-Liebig-Universität hat unter der Leitung des Diplom-Psychologen Dr. Oliver Dickhäuser eine Studie zum Tragen von Schulkleidung durchgeführt, deren Ergebnisse zeigen, dass einheitliche Kleidung in Schulklassen mit einem besseren Sozialverhalten der Jugendlichen einhergeht ...

BEISPIEL B:

C

ARGUMENTE PRO	ARGUMENTE KONTRA
• Identifikation mit der Schule • kein Anpassungsdruck (Markenkleidung)	• Uniformität • ...

BEISPIEL C:

1 Ordne die drei Beispiele den Möglichkeiten der Vorbereitung auf eine Argumentation (siehe grüner Kasten) zu.

2 Vervollständige die Beispiele und/oder suche weitere Materialien zum Thema. Arbeite im Heft.

Willst du jemanden von deiner Position überzeugen, so musst du deinen **Standpunkt** deutlich formulieren (**These**) und mit einleuchtenden Argumenten begründen.
Unterscheide zwischen These und Argument. Eine These (Meinung) ist die Haltung, die eine Person zu einer strittigen Frage hat. Sie kann als **Behauptung** oder als **Forderung** formuliert werden.
Beispiele: Schuluniformen verbessern das Sozialklima (Behauptung). Schuluniformen sollten an allen Schulen eingeführt werden (Forderung).

		Behauptung	Forderung
a)	Schüler kennen oft ihre Rechte nicht.	☐	☐
b)	In den Schülerrat sollten die kompetentesten, nicht die beliebtesten Mitschüler gewählt werden.	☐	☐
c)	In Auseinandersetzungem mit Lehrern zieht man meist den Kürzeren.	☐	☐
d)	Schüler müssen lernen, Probleme gewaltfrei zu lösen.	☐	☐
e)	Es sollte an jeder Schule Streitschlichter geben.	☐	☐

: 3 Untersuche, ob die Sätze Behauptungen oder Forderungen sind.

Schuluniformen für deutsche Klassen?

In der Schule können Klamotten eine ganze Menge Stress verursachen. Wer die richtigen Marken trägt, gehört zu den coolen Kids. Wer sie sich nicht leisten kann oder den neusten Trend nicht kennt, wird ausgegrenzt. Die Untersuchung einer deutschen Uni zeigt, dass Einheitskleidung einen positiven Effekt auf das Schulklima haben kann. In einer Umfrage erklärten Schüler aus Uniform-Klassen, dass sie sich im Unterricht besser konzentrieren könnten. Außerdem würden sie größeren Wert darauf legen, Lehrstoff wirklich zu verstehen und sich nicht ablenken zu lassen. Denn in wohl jeder Klasse gibt es Jungen, die sich lieber eine leicht gekleidete Mitschülerin anschauen als sich auf den Unterricht zu konzentrieren. Um solche Ablenkung zu verhindern, sind Mädchen von Lehrern schon dazu verdonnert worden, ein riesengroßes Männerhemd anzuziehen, damit man nicht mehr so viel nackte Haut sieht. Damit sich alle Kinder in Schuluniformen wohlfühlen, ist es laut Studie erforderlich, dass niemand zum Tragen gezwungen wird. Die Lehrer müssten erst alle von der Maßnahme überzeugen. Wer bereits Uniform trägt, hat allerdings gelernt, dass es beim Miteinander auf Äußerlichkeiten nicht ankommt. Auch wer billige Klamotten trägt, kann einen prima Charakter haben. In Deutschland hat es schon an vielen Schulen Versuche mit einheitlichen Schulpullis gegeben. Außer an einer einzigen Hamburger Haupt- und Realschule konnte sich der Einheitslook aber nirgendwo durchsetzen. Bislang.

Geolino, 27.08.2004

: 4 Unterstreiche in dem Text mit Bleistift die Thesen. Bestimme dann, ob es sich um eine Behauptung oder um eine Forderung handelt. Verwende dafür zwei verschiedene Farben.

Eine These wird durch **Argumente** begründet und gestützt. Dabei kann man auf Fakten oder gemeinsame Wertvorstellungen hinweisen oder sich auf jemanden berufen, der als Experte gilt. Ein oder mehrere **Beispiele**, **Belege** aus der allgemeinen Erfahrung oder **Zitate** (Aussagen von Autoritäten) stützen ein Argument. Achte auf die **Qualität** deiner Argumente. Sie müssen sachlich, für das Thema oder Problem wichtig sowie für andere nachvollziehbar und einsichtig sein.

These: An allen Schulen sollten Schuluniformen eingeführt werden.

Argument: Einheitskleidung wirkt sich positiv auf das Schulklima aus.

Beispiel: Beispielsweise hat der Stress um Markenklamotten an der Goetheschule sofort aufgehört, nachdem einheitliche Schulkleidung eingeführt worden war.

Beleg: Die Untersuchung von Dr. O. Dickhäuser zeigte deutlich, dass das Tragen von einheitlicher Kleidung mit einem besseren Sozialverhalten der Jugendlichen einhergeht.

Zitat: „In England haben Schuluniformen zu einer Nivellierung des Gegensatzes arm – reich geführt." (Anglistik-Professorin)

Tempelschema der Argumentation

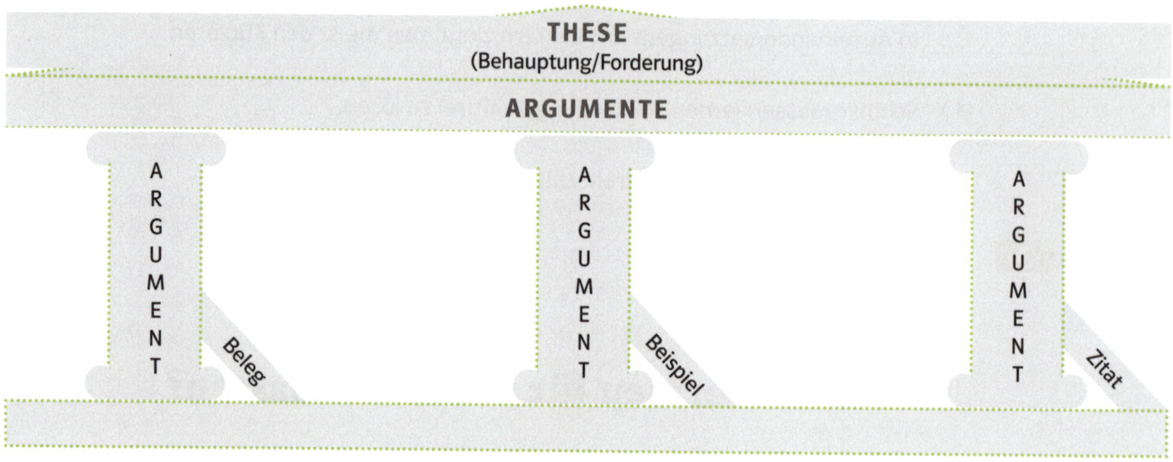

5 Suche aus den Schüleräußerungen (Seite 8) und dem Text auf Seite 7 alle Pro- und Kontra-Argumente heraus und notiere sie stichwortartig in der Tabelle.

PRO-ARGUMENTE	KONTRA-ARGUMENTE

6 Ergänze weitere Argumente stichwortartig in der Tabelle.

7 Prüfe und beurteile diese Argumente. Kennzeichne sogenannte „Totschlagargumente". Begründe kurz deine Entscheidung.

8 Entwickle Formulierungen, die deutlich machen, dass du dich ernsthaft auf deinen Diskussionspartner und dessen Argumentation einlassen willst. Arbeite im Heft.

Beispiele: Ich glaube, du hast zum Teil Recht, wenn du sagst, dass … Doch bin ich der Meinung, dass …; Du sagst, dass Schuluniformen langweilig und eben „uniform" sind. Das ist bestimmt ein Nachteil. Aber wiegt er den Vorteil auf, dass …?

2 Argumente gewichten und ordnen

Argumente sind von unterschiedlicher Überzeugungskraft. Sie können beruhen auf:

- Tatsachen oder Fakten (**Faktenargument**), z. B. Ich würde gern im Schülerrat mitarbeiten, weil man dadurch auf die Gestaltung des Schulalltags Einfluss nehmen kann.
- gemeinsamen Wertvorstellungen (**normatives Argument**), z. B. Ich würde gern im Schülerrat mitarbeiten, weil er die Interessen der Schülerschaft vertritt.
- Autoritäten (**Autoritätsargument**), z. B. Ich würde gern im Schülerrat mitarbeiten, weil viele Lehrer uns dazu raten.

Manche Begründungen sind nicht zu widerlegen. Wenn du dich z. B. auf Grundbedürfnisse, Grundwerte oder Grundrechte berufst, kann niemand widersprechen. Stichhaltig sind auch wissenschaftliche Untersuchungen.

Tempelschema der Argumentation

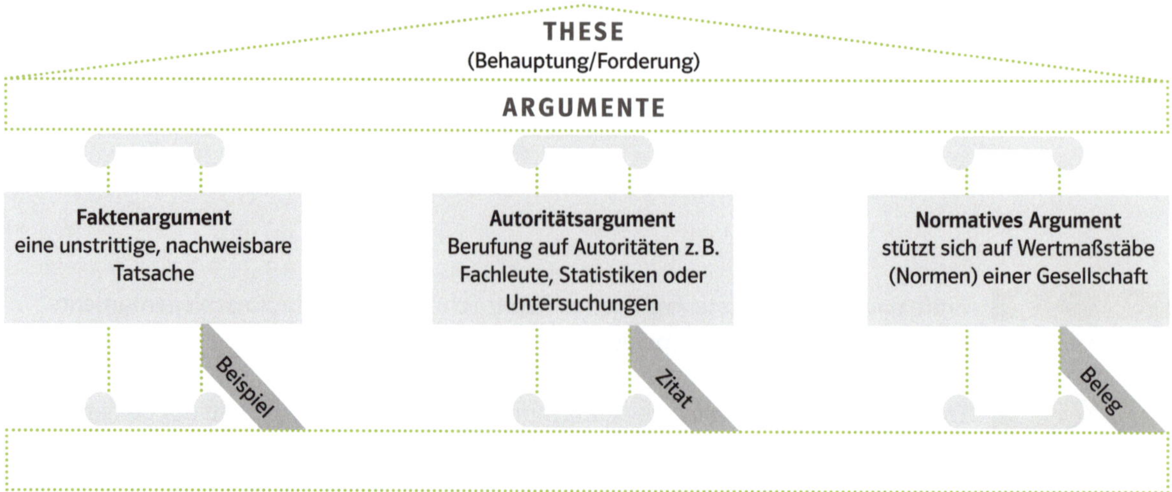

1 Erkläre mithilfe der beiden Schaubilder, welche Funktion These, Argument, Beispiel, Beleg und Zitat in einer Argumentation haben. Arbeite im Heft.

Sollen Videospiele, die zur Gewaltanwendung auffordern (so genannte Killerspiele), für Jugendliche grundsätzlich verboten werden?

Jugendliche sehen auch in Filmen Gewalt

Frust abbauen

Gewöhnung an Gewaltdarstellung

viele jugendliche Gewalttäter spielen

2 Sortiere die Argumente in das Suchfenster. Ordne sie, indem du sie gewichtest.

	PRO	NEUTRAL	KONTRA
eher stark		*Zugang zu den Spielen über Internet möglich*	*Millionen Spieler weltweit werden nicht gewalttätig*
eher schwach	*Wirtschaftsfaktor*		

3 Suche weitere Pro- und Kontra-Argumente zu diesem Thema und notiere sie an der entsprechenden Stelle in dem Suchfenster.

4 Überlege, wann ein Argument stark ist und wann schwächer. Notiere Stichpunkte.

____

____

____

5 Lege ein Suchfenster an und ordne alle Argumente zum Thema „Schuluniformen" (Tabelle Seite 9, Aufgabe 5 und 6) ein, indem du sie gewichtest. Arbeite im Heft.

Braucht Deutschland Zuwanderung?

Deutschland sollte gezielt Arbeitskräfte aus dem Ausland anwerben, weil auf dem Arbeitsmarkt Fachkräfte fehlen. Laut einer Arbeitsmarktstudie können trotz der Arbeitslosigkeit über eine Millionen Arbeitsstellen nicht besetzt werden.

Bei der anhaltenden hohen Arbeitslosigkeit in Deutschland ist es sinnvoll, zunächst die deutschen Arbeitskräfte zu qualifizieren, bevor von außen neue angeworben werden.

Vor allem in den neuen Bundesländern lag die Arbeitslosenzahl im Jahr 2006 weit über 18 %.

Eine Verstärkung der Zuwanderung ist dringend notwendig.

Die Zuwanderung von ausländischen Mitmenschen sollte begrenzt werden.

Folglich wirbt die deutsche IT-Branche seit Jahren um qualifizierte Fachkräfte aus dem Ausland, um wettbewerbsfähig zu bleiben.

6 Untersuche, welcher Textauszug eine These, ein Argument oder ein Beispiel für bzw. gegen Zuwanderung in Deutschland beinhaltet.

ANNA: Ich bin der Ansicht, dass Deutschland auf die Einwanderer aus dem Ausland angewiesen ist, da die Geburtenrate in den nächsten Jahren rapide zurückgehen und unsere eigene Bevölkerung immer älter wird. Laut Aussagen des Statistischen Bundesamtes wird die Bevölkerung Deutschlands trotz jährlicher Zuwanderung von 200 000 Personen bis 2050 von heute 82,5 auf 75 Millionen sinken.

PAUL: Dem kann ich nur widersprechen. Es wird darauf hingewiesen, dass auch die zugewanderte Bevölkerung immer älter wird und sich ihre Geburtenrate schnell dem Niveau der einheimischen Bevölkerung anpasst. Um die Vergreisung der deutschen Bevölkerung zu verhindern, müssten bis 2050 188 Millionen junge Menschen zuwandern, was völlig unrealistisch ist.

CHRISTOPH: Sicherlich kann diese Zahl nicht erreicht werden, dennoch sollte die Bundesregierung möglichst vielen Menschen eine Zuwanderung allein aus humanitären Gründen ermöglichen. Jeden Tag häufen sich die Meldungen von gekenterten und hoffnungslos überfüllten Schiffen in der Seestraße von Gibraltar oder aber von fast erfrorenen Chinesen im Laderaum eines Flugzeuges.

GRETA: Aber dem hohen Wanderungsdruck sollte eher durch gezielte Entwicklungshilfe entgegengewirkt werden, denn Fluchtursachen wie Verfolgung, Armut und Hunger müssen in den Heimatländern bekämpft werden …

7 Markiere in dem Auszug aus einer Schülerdiskussion zu diesem Thema die Thesen. Suche Beispiele für unterschiedliche Arten von Argumenten. Unterstreiche mit verschiedenen Farben Faktenargumente, Autoritätsargumente und normative Argumente.

Wahlrecht unter 18?

1 Ich finde es nicht so gut, dass Kinder in der Politik nicht wahrgenommen werden und die Erwachsenen bei Wahlen alles allein bestimmen, denn wir kennen uns ja auch damit aus.

2 Es wäre gut, wenn wir Minderjährigen auch entscheiden dürften, was passiert, weil viele Dinge uns ja auch direkt betreffen, z. B. die Umweltverschmutzung.

3 Ich fände es sehr gut, wenn Kinder auch wählen dürften, denn schließlich sind wir ja „die Erwachsenen von morgen"!

4 Ich bin sehr dafür, dass man schon unter 18 Jahren wählen kann. Ich habe gelesen, dass sogar in der Bundesregierung über eine Änderung des Wahlgesetzes nachgedacht wird.

5 Wählen ist doch eine gute Sache, die jeden etwas angehen sollte, weil man so seinen politischen Standpunkt vertreten kann.

8 Welches Argument für das Wahlrecht unter 18 überzeugt dich am meisten? Begründe.

9 Untersuche die Argumente und notiere darunter, ob sie sich auf Tatsachen berufen (Faktenargumente), subjektiven Einschätzungen entspringen, auf gemeinsamen Wertvorstellungen beruhen (normative Argumente) oder sich auf Autoritäten stützen (Autoritätsargumente).

! 10 Suche weitere Argumente für das Wahlrecht unter 18 Jahren. Achte darauf, dass sie sachlich, nachvollziehbar und wesentlich sind.

Eine Argumentation wird überzeugender, wenn sie **adressatenbezogen** ist. Überlege dir, wem gegenüber und mit welcher Absicht du deinen Standpunkt vertrittst. Außerdem solltest du dich vorher mit der **Gegenposition** auseinandersetzen. Die zu erwartenden Gegenargumente kannst du dir schon im Vorfeld überlegen und zu entkräften versuchen.

Sollen Videospiele, die zur Gewaltanwendung auffordern (so genannte Killerspiele), für Jugendliche grundsätzlich verboten werden?

Beispiel:

Durch Killerspiele werden Jugendliche an Gewaltdarstellungen gewöhnt. Ihre Hemmschwelle sinkt und sie halten es für normal, wenn man bei Meinungsverschiedenheiten Waffen einsetzt.

Aber in vielen Filmen wird Gewalt genauso dargestellt, zum Teil noch viel realistischer als in den Spielen. Die Gewalt wird noch mehr verharmlost, denn die Opfer überstehen oft brutale Schlägereien ohne nennenswerte Schäden. Deshalb verlieren besonders Jugendliche dadurch die natürliche Hemmung, jemanden zu verletzen.

Genau das ist das Problem. Die Jugendlichen denken, wenn ich jemanden zusammentrete, steht der anschließend wieder auf. In den Computerspielen ist es aber klar, dass es sich um virtuelle Figuren handelt und man keinen lebenden Menschen verletzt. Niemand kommt auf die Idee, sich in der Realität ebenso zu verhalten.

Aber gerade die Ereignisse in Erfurt oder Emsdetten beweisen doch das Gegenteil. In beiden Fällen hatten die Täter einen großen Teil ihrer Freizeit mit Killerspielen zugebracht, der Gebrauch von Waffen gegen andere Menschen war für sie offenbar eine reale Möglichkeit. Man kann also sagen, sie hatten sich Hemmungen, tödliche Waffen einzusetzen, geradezu abtrainiert.

...

: 11 Lies dir das Beispiel für Rede und Gegenrede durch. Suche weitere Argumente aus dem Suchfenster Seite 11 aus und überlege dir mögliche Gegenpositionen. Skizziere Argument und mögliche Erwiderung in Stichpunkten.

12 Diese Sammlung von Pro-Argumenten ist unvollständig und ungeordnet. Nummeriere die Argumente so, wie du sie anbringen würdest.

Wahlrecht unter 18?

- ☐ Niemand soll aufgrund seines Alters daran gehindert werden, an der Wahl teilzunehmen, denn 20 % der Bevölkerung sind Kinder und Jugendliche unter 18 Jahren.
- ☐ Altersgrenzen bei Wahlen sind undemokratisch, denn alle Menschen, die von politischen Entscheidungen betroffen sind, müssen wählen dürfen, weil wählen ein Recht ist und keine Pflicht.
- ☐ In allen Altersklassen gibt es Menschen, die keinen Durchblick haben, und solche, die bestens informiert sind, denn auch erwachsene Wähler kreuzen manchmal einfach nur etwas an und wissen oft den Unterschied zwischen erster und zweiter Stimme nicht.
- ☐ Alle Menschen, ob jung oder alt, haben ihre persönlichen Motive, warum sie eine Person oder eine Partei wählen, weil sie entweder ihre Ideen vertreten oder weil ihnen die Person sympathisch ist.

13 Ergänze weitere Argumente (siehe Seite 13, Aufgabe 10) und kennzeichne in der Liste, an welcher Stelle du sie anordnen würdest.

! 14 Überlege, welche Gegenargumente von der anderen Seite kommen könnten. Schreibe mindestens drei auf.

15 Verfasse einen Dialog zwischen dir und einem anderen Schüler, in dem eine(r) für das Wahlrecht unter 18 argumentiert und die/der andere dagegen. Achte darauf, dass die Gesprächspartner aneinander anknüpfen und auf die Argumente des anderen eingehen. Arbeite im Heft.

3 Prüfe dich selbst

Kann ich erläutern, in welchem Zusammenhang These, Argument, Beleg und Beispiel stehen?

1 Ergänze die Aussagen sinngemäß.

Ein Argument wird durch ______________________________ gestützt.

Durch Argumente wird eine ____________________ begründet. ____________________ können aus Behauptungen oder Forderungen bestehen.

Kann ich zu einem Thema mehrere Argumente pro und kontra formulieren?

2 Nenne jeweils zwei Argumente pro und kontra Schuluniformen. Arbeite im Heft.

Kann ich Thesen, Argumente und Beispiele erkennen und unterschiedliche Arten von Argumenten voneinander unterscheiden?

3 Markiere in den beiden Äußerungen die Argumente, mit denen jeweils die Thesen begründet werden.

Äußerung A

Ich bin für ein Verbot von Handys an Schulen, denn durch die Benutzung der Handys in den Pausen grenzen sich die Schülerinnen und Schüler von der Klassengemeinschaft ab. Alle sprechen dann zwar, aber nicht mehr miteinander, und das ist schlecht für den Zusammenhalt einer Klasse.

Ich bin gegen ein Verbot von Handys an Schulen. Wie sich an Schulen mit Handyverbot schon gezeigt hat, schmuggeln die Schüler trotzdem die Geräte in die Schule und benutzen sie dort natürlich auch. Ein Verbot, das nicht durchgesetzt werden kann, ist pädagogisch nicht besonders sinnvoll.

Äußerung B

4 Um welche Art von Argument handelt es sich jeweils? Kreuze an.

	AUTORITÄTSARGUMENT	FAKTENARGUMENT	NORMATIVES ARGUMENT
Äußerung A	☐	☐	☐
Äußerung B	☐	☐	☐

5 Eine der beiden Äußerungen enthält ein Beispiel. Welches? Markiere es mit einer anderen Farbe.

Kann ich Argumente gewichten?

6 Überlege dir zwei weitere Argumente zum Thema „Verbot von Handys an Schulen". Lege ein Suchfenster an und ordne die Argumente aus Aufgabe 3 und deine eigenen ein, indem du sie gewichtest. Arbeite im Heft.

Kann ich zu Argumenten mögliche Gegenpositionen finden?

7 Was könnte man auf die Äußerung A der Schülerin (Seite 16) erwidern? Formuliere ein bis zwei mögliche Gegenargumente.

____

____

____

4 Kontrolle und Einschätzung, Tipps zur Weiterarbeit

AUFGABE	BEARBEITET AM	WIEDERHOLT AM	☺ KONNTE ICH GUT	😐 DAS WAR MITTEL	☹ MUSS ICH ÜBEN	*Wenn du 😐 oder ☹ angekreuzt hast, dann bearbeite folgende Aufgaben im Teil Lesen und Üben:*
1						S. 64/1; S. 65/2; S. 67/1; S. 69/2; S. 72/4; S. 72/7
2						S. 65/5; S. 65/6; S. 67/4; S. 70/2; S. 73/2; S. 73/3; S. 75/4
3						S. 64/1; S. 65/3; S. 65/4; S. 67/1; S. 67/2; S. 68/1; S. 69/3; S. 71/3; S. 72/4; S. 72/7; S. 74/1; S. 75/2; S. 76/2
4						S. 67/3; S. 69/3; S. 71/3; S. 72/4; S. 72/5; S. 73/1
5						S. 64/1; S. 69/4; S. 72/4; S. 72/7; S. 74/1; S. 75/2
6						S. 67/3; S. 69/5; S. 72/7; S. 73/1; S. 73/2
7						S. 65/5; S. 65/6; S. 69/6; S. 69/7; S. 72/6; S. 72/7; S. 73/3; S. 76/3

EINSCHÄTZUNG DER LEHRERIN/DES LEHRERS ODER DER ELTERN:

1 Kontroverse Gesprächsformen

Wenn etwas strittig ist oder von verschiedenen Seiten beleuchtet werden soll, wenn es verschiedene Standpunkte, Meinungen oder Auffassungen zu einem Thema gibt, ist das **Argumentieren** eine wichtige Form des sprachlichen Umgangs.
Kontrovers (von lat. contra „gegen" und vertere „drehen, wenden") nennt man **Gesprächsformen**, in denen die Gesprächspartner entgegengesetzte Meinungen formulieren mit dem Ziel, ihre Position jeweils so weit wie möglich durchzusetzen.
Außerdem gibt es kontroverse Gesprächsformen, in denen Themen, Sachverhalte oder Meinungen der Erörterung unterzogen werden, wie z. B. in Konferenzen. Auch hier haben die Gesprächspartner oft unterschiedliche Meinungen, die sie einbringen, doch besteht das Ziel in der Klärung eines Sachverhaltes.
Wichtige kontroverse Gesprächsformen:
- Diskussion
- Debatte
- Podiumsdiskussion
- Konferenz
- Talkshow

1 Sicher hast du dich schon mit deinen Eltern, Geschwistern oder Freunden gestritten. Überlege, wie sich ein solcher Streit von den im Merkkasten genannten anderen kontroversen Gesprächsformen unterscheidet. Notiere Stichpunkte.

A	Eine **Diskussion** kann oft spontan entstehen	F	die vor allem das Publikum informieren wollen.
B	Bei einer **Podiumsdiskussion** diskutieren Experten,	G	und es sprechen abwechselnd Vertreter der Pro- und der Kontra-Seite.
C	In einer **Konferenz** werden die Themen durch eine Tagesordnung festgelegt	H	und muss keinen Leiter haben.
D	Eine **Debatte** wird geleitet	I	die das Publikum vor allem unterhalten wollen.
E	In einer **Talkshow** diskutieren Menschen verschiedener sozialer Herkunft und Berufe,	J	und die Gesprächsergebnisse protokolliert.

LÖSUNG: A UND ☐ B UND ☐ C UND ☐ D UND ☐ E UND ☐

2 Einige kontroverse Gesprächsformen kennst du wahrscheinlich aus deinem Alltag. Suche die zusammengehörigen Teilsätze und schreibe die entsprechenden Buchstaben auf.

Online Link 927207-0002

	DISKUSSION	DEBATTE	PODIUMS-DISKUSSION	KONFERENZ	TALKSHOW
KONSTELLATION UND ANLASS	zwei oder mehrere Personen tauschen ihre Meinungen zu einem Thema/einer Streitfrage aus	mehrere Vertreter der Pro- und Kontra-Parteien tragen ihre Argumente zu einer Entscheidungsfrage in kurzen Reden vor	drei bis sechs Experten diskutieren auf dem Podium vor Publikum ihre Positionen zu einem festgelegten Thema; am Ende kann das Publikum in die Diskussion einbezogen werden	Vertreter eines bestimmten Bereiches diskutieren zu einem zusammengestellten Material (z. B. Konferenzthesen) oder zu vorgetragenen Positionen (z. B. einem einleitenden Bericht, einem Plenarreferat)	mehrere Talkgäste diskutieren im Rahmen einer Hörfunk- oder Fernsehsendung mit dem Gastgeber/der Gastgeberin oder untereinander zu einem gegebenen Thema/einer Streitfrage
VORRANGIGES ZIEL	die Streitfrage soll geklärt werden	eine Handlungsentscheidung soll gefunden werden	der Zuhörerkreis soll über Aspekte des Themas aufgeklärt und zur Meinungsbildung geführt werden	die Teilnehmer sollen zu neuen Erkenntnissen in den aufgeworfenen Fragen gelangen	die Zuhörer bzw. Zuschauer sollen unterhalten und informiert werden
ABLAUF/ LEITUNG	spontaner oder vorbereiteter Ablauf; Diskussionsleiter achtet auf die Einhaltung der Gesprächsregeln; Durchführung auch ohne Leiter möglich	streng regelgeleiteter Ablauf; Leiter überwacht das Reglement, ruft Rednerliste ab und schließt sie, legt die Abfolge der Redner fest, überwacht die Redezeit; danach findet oft eine Abstimmung statt	neutraler Moderator erteilt das Wort, achtet auf gleichmäßige Redebeteiligung und Redezeit, kann Gesprächsimpulse geben, Fragen stellen und Ergebnisse zusammenfassen	häufig Tagesordnung; Konferenzleiter eröffnet die Diskussion, ruft die Diskussionsteilnehmer auf, kann über Anträge abstimmen lassen, schließt die Diskussion ab; Ergebnisse werden protokolliert	Gastgeber eröffnet das Gespräch, fordert die Redner zur Meinungsäußerung auf, gibt Gesprächsimpulse, stellt Fragen und fasst die Ergebnisse zusammen

REGISSEUR: Also, ja, natürlich haben wir zu wenig Geld, um anständige Programme zu machen. Aber schon jetzt quatscht uns jeder in unsere Arbeit rein, die Produzenten, die Programmchefs, Schauspieler. Und wenn jetzt noch die Schleichwerbung kommt, haben wir an den Drehtagen auch noch drei Werbeleute rumstehen. Nein, danke!

SCHAUSPIELER *(lacht):* Ihr Regisseure würdet euch auch noch im Paradies beschweren!

MODERATORIN: Jetzt möchte ich doch noch einmal den Politiker fragen. Sehen Sie denn keine Gefahr durch Schleichwerbung?

POLITIKER: Bevor ich Ihnen darauf antworte, lassen Sie mich Ihnen und den Zuschauern noch kurz …

3 Bestimme mithilfe der Tabelle, um welche Gesprächsform es sich bei diesem Ausschnitt handeln könnte.

4 Notiere wichtige Gesprächsregeln, die man besonders bei kontroversen Gesprächsformen beachten muss. Arbeite im Heft.

2 Die Diskussion

In einer **Diskussion** geht es in der Regel um ein Thema, ein Problem oder eine Streitfrage, die gemeinsam geklärt werden soll. Dabei versuchen die Diskussionsteilnehmer ihre Auffassungen auszutauschen, um sich eine Meinung zu bilden oder ihrer Meinung Geltung zu verschaffen, indem sie diese durch Argumente begründen.
Damit eine Diskussion ergiebig ist und zu einem sinnvollen Ergebnis führt, sollte jeder Diskussionsteilnehmer folgende Punkte beachten:

Sich auf die Diskussion vorbereiten
- das Thema der Diskussion genau klären
- sich über das Problem im Einzelnen informieren (z. B. Mindmap, Materialien zum Thema, …)
- Argumente pro und kontra sammeln
- Beispiele, Belege, Zitate zum Abstützen der Argumente sammeln

Auf eine Diskussionssituation angemessen reagieren
- prüfen, was in der Diskussion bereits gesagt worden ist
- feststellen, an welchen Diskussionsbeitrag man anknüpfen kann
- überlegen, welchen neuen Gedanken, welches neue Argument man einbringen kann

Sich mit der Meinung anderer auseinandersetzen
- die Meinung und Argumente der anderen Diskussionsteilnehmer prüfen
- die Beiträge anderer Diskussionsteilnehmer nicht unsachlich durch **„Killerphrasen"** oder **„Totschlagargumente"** abblocken (z. B. *„Wenn ich das schon höre, kriege ich die Krise."*)

Zu einer Entscheidung kommen
- durch Austausch und Prüfung vieler Argumente eine Entscheidung in der Sache vorbereiten und herbeiführen
- zu einer Lösung – z. B. durch einen Kompromiss – kommen

Rauchen und Konsum alkoholischer Getränke in der Schule

Runderlass des niedersächsischen KM vom 3. 6. 2005 – 23-82 114/5

1. Das Rauchen und der Konsum alkoholischer Getränke sind im Schulgebäude und auf dem Schulgelände während schulischer Veranstaltungen sowie bei Schulveranstaltungen außerhalb der Schule verboten.
2. Die Schule entwickelt unter Einbeziehung der Schülerschaft und der Erziehungsberechtigten ein Präventionskonzept mit dem Ziel, die heutige und zukünftige Generation vor den gesundheitlichen, gesellschaftlichen, umweltrelevanten und wirtschaftlichen Folgen des Tabak- und Alkoholkonsums sowie des Passivrauchens zu schützen. […]
3. Das Präventionskonzept ist jährlich neu zu beschließen. […]
4. Im Einzelfall sind von dem Verbot alkoholischer Getränke nach Ziffer 1 Ausnahmen zulässig. Eine Befreiung von Schülerinnen und Schülern ist nur zulässig bei Schülerinnen und Schülern des Sekundarbereichs II, die das 16. Lebensjahr vollendet haben. Unter Anlegung eines strengen Maßstabes kann von dem Verbot befreien die Schulleiterin oder der Schulleiter bei besonderen Gelegenheiten (z. B. Schulentlassungsfeiern, Jubiläen usw.) sowie die Aufsicht führende Lehrkraft bei Schulveranstaltungen außerhalb der Schule. Wenn an der Schulveranstaltung minderjährige Schülerinnen und Schüler teilnehmen, ist die Zustimmung der jeweiligen Klassenelternschaften erforderlich.
5. Von dem Verbot nach Ziffer 1 sind solche Räume und Grundstücksflächen ausgenommen, die ausschließlich Dritten überlassen sind.
6. […] Dieser Erlass tritt mit sofortiger Wirkung in Kraft. […]

1 Markiere im Text (Seite 20), wer betroffen ist und welchen Geltungsbereich das Rauch- und Alkoholverbot hat. Welche Meinung hast du zu dem Erlass?

Die Reaktionen speziell auf das Rauchverbot waren lebhaft und strittig – bei Schülerinnen und Schülern, bei Eltern und auch bei Lehrerinnen und Lehrern. In einer 8. Klasse wurde darüber diskutiert. Hier ein Diskussionsausschnitt:

ARNO: Also, das ist ja wohl voll der Hammer, einem immer alles verbieten!

BERTA: Typisch die da oben – die haben doch keine Ahnung, was in der Schule wirklich läuft.

DORIS: Wahrscheinlich ist der Kultusminister Nichtraucher.

HAMIT: Endlich kriegen die blöden Raucher mal eins auf den Deckel!

FALKO: Du traust dich ja nur nicht zu rauchen, weil du Ärger mit deinen Alten kriegst.

GERLIND: Eigentlich sind wir doch noch gar nicht von so einem Erlass betroffen, oder?

2 Was hältst du von diesem „Einstieg" in die Diskussion. Beurteile die Beiträge.

DISKUSSIONSLEITERIN: Ich finde, wir reden hier ziemlich unsachlich. Man kann das Problem „raucherfreie Schule" doch auch in Ruhe angehen und vernünftig diskutieren.

GERLIND: Finde ich auch. Also ich denke, so ein Rauchverbot ist gar nicht so schlecht. Es bringt die Raucher dazu, das Rauchen zu lassen und über ihre Gesundheit nachzudenken. Außerdem werden jüngere Schüler davon abgehalten, mit dem Rauchen anzufangen. Ich rauche ja noch nicht. Vielleicht überlege ich mir jetzt, ob ich überhaupt mit dem Rauchen anfange.

BERTA: Glaubst du wirklich, dass die Raucher an unserer Schule wegen eines solchen Rauchverbots aufhören zu rauchen? Die verlassen jetzt das Schulgelände und rauchen auf der anderen Straßenseite, wo die Schule keine Macht – also das heißt, glaube ich, „Aufsichtspflicht" – mehr hat. Meine ältere Schwester zum Beispiel macht das jetzt auch so.

DORIS: Na ja, vielleicht einige aus der Oberstufe. Aber wir dürfen das Schulgelände doch noch gar nicht verlassen – ich glaube bis Klasse 10.

ARNO: Ich weiß von meinem Bruder aus der 12. Klasse, dass der während einer Klausur dringend mal eine rauchen muss, sonst kann er sich nicht richtig konzentrieren und wird nervös. Was soll der jetzt machen? Er kann doch wegen einer Zigarette nicht das ganze Schulgelände verlassen, das kostet doch viel zu viel Zeit.

HAMIT: Ja, und so wie deinem Bruder geht es noch vielen anderen Rauchern. Für die ist das Rauchverbot eine echte Strafe.

UTE: Das kann ja sein, aber denkt doch mal an unsere rauchenden Lehrerinnen und Lehrer, die müssen sich die Zigarette jetzt auch verkneifen. Den JUMBO habe ich neulich meckern hören, dass er in der Pause seine gemütliche Pfeife nicht mehr rauchen darf.

FALKO: Trotzdem, ich finde, gerade die Lehrer sollten mit gutem Beispiel vorangehen.

HAMIT: Auch wenn die Lehrer jetzt nicht mehr rauchen, eine „raucherfreie Schule" lässt sich meiner Meinung nach gar nicht durchführen, das ist viel zu schwer zu kontrollieren.

GERLIND: Das Rauchverbot allein hilft noch nicht viel. Die Schule müsste mehr aufklären über die gesundheitlichen Gefahren und so.

DORIS: Ja, es müsste im Unterricht auch mehr zur Vorbeugung getan werden – also zur „Prävention", wie das heißt; das steht ja auch im Erlass.

ARNO: Das finde ich auch. Wir in Klasse 8 sind ja noch nicht so betroffen; aber langsam geht das auch bei uns mit dem Rauchen los, stimmt's, Falko?

3 Wie hat sich die Diskussion (Seite 21 unten) in dieser Phase gegenüber dem Anfang geändert? Woran liegt das? Wie argumentieren die Diskussionsteilnehmer jetzt?

4 Welche Argumente pro und kontra werden in den Beiträgen (Seite 21) vorgebracht? Stelle sie in der Tabelle zusammen.

KONTRA	PRO
• Einschränkung der persönlichen Freiheit • Verlagerung des Problems aus der Schule heraus • Benachteiligung von Rauchern während Klausuren	• Gesundheitsfürsorge • Anlass zum Nachdenken

5 Wie stützen die Diskussionsteilnehmer ihre Argumente? Notiere Beispiele.

6 Überprüfe die Argumente in der Diskussion (Seite 21): Welche sind deiner Meinung nach überzeugend, welche weniger, welche gar nicht? Notiere Beispiele.

7 Markiere in der Diskussion (Seite 21), mit welchen sprachlichen Mitteln die Teilnehmer an einen vorangegangenen Diskussionsbeitrag anknüpfen.

8 Führe die Diskussion zu einer Lösung (z. B. zu einer Entscheidung, zu einem Beschluss). Welche Konsequenzen bzw. Forderungen (z. B. Präventionskonzept) könnten sich aus der Diskussion ergeben?

9 Überlege, welche Aufgaben ein Diskussionsleiter hat, und notiere sie.

! 10 Schreibe einen „idealen" Diskussionsbeitrag zum Thema „raucherfreie Schule" mit Stellungnahme, Argument, Beispiel und evtl. Schlussfolgerung.

Beispiel: Ich bin gegen eine vollständig „raucherfreie" Schule, denn das Rauchen wird nur nach draußen verlagert. Zum Beispiel rauchen jetzt die Oberstufenschülerinnen und -schüler auf der anderen Straßenseite. Und dort wird es bald Ärger mit den Anwohnern geben.

! 11 Formuliere solche „idealen" Beiträge auch zu anderen Diskussionsthemen, z. B.:

- Maut auf Autobahnen auch für Pkws?
- Markenkleidung?
- Sollte Schleichwerbung im Fernsehen erlaubt sein?
- Ohne Eltern in den Urlaub?

Stechuhr in der Schule

Es klingelt, die erste Schulstunde beginnt: Doch bevor du dich hinsetzen kannst, musst du erst zur Stechuhr. Das ist eine Uhr, in die man eine Karte steckt und die dann genau registriert, wann man kommt und geht. In vielen Firmen wird so die Arbeitszeit der Mitarbeiter kontrolliert. Klingt wie ein schlechter Film?

Ist aber im italienischen Turin seit kurzem Alltag. Eine Schule hat die Stechuhren eingeführt, um ihre Schüler besser kontrollieren zu können. Es habe einfach zu viel Zeit gekostet, die Entschuldigungsschreiben zu prüfen und Einträge ins Klassenbuch vorzunehmen, fand der Vizedirektor dieser Schule. Wenn ein Schüler nun zu spät kommt, spuckt der Computer einen Bericht aus, der dann ins Klassenbuch geheftet wird. Schummeln wird damit nahezu unmöglich.

Was der Vizedirektor super findet, kommt bei den Schülern überhaupt nicht gut an. Sie fühlen sich übermäßig überwacht, müssen jedes Mal vor dem Automaten Schlange stehen – und ihre Eltern können vom heimischen Rechner aus nachprüfen, wie oft ihre Kinder gefehlt haben.

Diskussion in Form eines Fishbowls

- Bildet dafür jeweils Pro- und Kontra-Gruppen, die möglichst viele Argumente für ihre Position auflisten. Jede Gruppe wählt einen Redner, der in der anschließenden Diskussionsrunde die Meinung der Gruppe vertritt.
- Um einen Stuhl in der Mitte herum nehmen die Gruppensprecher Platz. Alle übrigen Schüler bilden um diesen inneren Stuhlkreis einen äußeren Stuhlkreis.
- Die Teilnehmer in der Mitte diskutieren nun stellvertretend für die Gesamtgruppe über das Thema. Während der Diskussion haben die Teilnehmer aus dem Außenkreis die Möglichkeit, sich auf den freien Stuhl in der Mitte zu setzen, um neue Aspekte bzw. Argumente einzubringen. Sie erhalten sofort Rederecht. Danach kehren sie in den Außenkreis zurück.
- Einer übernimmt die Rolle des Moderators.

12 Bereitet diese Diskussionsform zum Thema „Sollte in unserer Schule eine Stechuhr eingeführt werden?" vor und führt sie durch.

13 Achtet bei der Durchführung auf unverzichtbare Diskussionsregeln. Wählt dafür vier Beoabachter.

14 Überlegt am Ende der Diskussion mithilfe der vier Beobachter, welche Regeln eingehalten wurden und auf welche ihr demnächst mehr achten müsst.

Meine Schule und ich: Finnland

Ich bin Hanna Linderoos, 12 Jahre, 6. Klasse, Gesamtschule, Jyväskylä, 520 Schüler (Klassen 1–9), 34 Lehrer; ein Lehrer betreut ca. 15 Schüler.

Wir wohnen mitten in Südfinnland. Von unserer Stadt Jyväskylä erstreckt sich der über 100 Kilometer lange Päijännesee fast bis nach Helsinki. In Jyväskylä gibt es angeblich mit die besten Schulen im Land. Seit einem Jahr bekommen wir häufig Besuch aus dem Ausland, vor allem von Deutschen. Sie reden ständig von Pisa, diesem Test unter Schülern, bei dem wir Finnen fast am besten abgeschnitten haben. In Finnland spricht niemand von Pisa.

Bei uns zu Hause wird häufig über Schulen gesprochen, vor allem, wenn Deutsche zu Besuch sind. Die wollen immer nicht glauben, dass wir unsere Prüfungen mit dem Bleistift schreiben, in der Schule Hausschuhe anziehen und unsere Lehrer duzen.

Unsere Lehrer sind sehr freundlich. Meine Freundin Theresa, die auch eine deutsche Schule kennt, sagt, dass die finnischen Lehrer gelassener und viel weniger streng sind. Sie kümmern sich wirklich sehr um uns. In meine Klasse gehen 28 Kinder, aber wir haben oft Unterricht in kleinen Gruppen.

Manchmal ist auch ein zweiter Lehrer dabei. Er geht an die Tische und hilft Schülern, die etwas nicht so gut können. Außerdem gibt es Einzelstunden für Schüler, die nicht gleich alles verstanden haben. Niemand bleibt sitzen, und die ersten vier Jahre gibt es keine Noten. Man muss sich selber beurteilen und spricht mit den Lehrern und Eltern über die Selbsteinschätzung.

Wir essen in der Schule auch zusammen mit unserem Lehrer. Nachmittags werden Theater, Musik und Tanz angeboten. Am Donnerstag treffen sich alle Kinder meines Alters, deren Vater oder Mutter Deutsche sind, in Jyväskylä; dann lernen wir Deutsch als zweite Muttersprache. Am liebsten möchte ich mal Schauspielerin werden. Vielleicht auch Kinderkrankenschwester oder Tanzlehrerin.

Pro- und Kontra-Diskussion

- Die Klasse teilt sich auf in je drei Pro- und Kontra-Gruppen, die die Argumente erarbeiten.
- Pro- und Kontra-Gruppen sitzen sich gegenüber.
- Ein Diskussionsleiter eröffnet die Diskussion durch die Formulierung des Problems. Jeweils der Sprecher der Gruppen trägt seinen Standpunkt in einem zeitlich festgelegten Rahmen vor (ca. 1–2 min).
- Danach hält der Diskussionsleiter sich streng an eine vorher angefertigte Rednerliste. Wird ein Diskussionsteilnehmer angesprochen, entscheidet der Diskussionsleiter, ob er von der Rednerliste abweicht.
- Am Ende der Diskussion wird über die Frage abgestimmt. Hier entscheidet jeder unabhängig von der vorherigen Gruppenzugehörigkeit nach Sachlage.

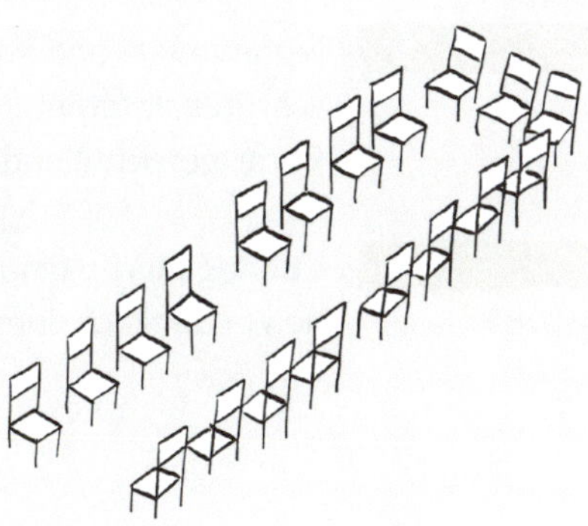

15 Sucht in dem Text nach Themen, die diskussionswürdig sind, z. B. „Lehrer duzen?“

16 Bereitet eine oder mehrere Pro-und-Kontra-Diskussionen vor und führt diese durch. Wählt vier Beobachter, die auf die Durchführung achten. Wertet die Pro- und Kontra-Diskussion jeweils gemeinsam aus.

3 Die Debatte

Eine besondere Form der Diskussion ist die Debatte, die einem streng geregelten Ablauf folgt. Vertreter der Pro- und Kontra-Seite tragen ihre Argumente in kurzen Reden vor und möchten die Zuhörerschaft von ihrer Position überzeugen. Im Unterschied zur Diskussion folgt nach einer Debatte in der Regel eine Abstimmung.

1 Vergleiche, wodurch sich die Debatte von der Diskussion unterscheidet. Notiere Stichpunkte.

2 Formuliere die Diskussionsthemen zu Debattenfragen um. Beginne die Entscheidungsfrage immer mit „Soll/Sollen …?“

DISKUSSIONSTHEMEN	DEBATTENFRAGEN
Welche Probleme entstehen durch den Drogenmissbrauch Jugendlicher?	*Soll in den Schulen ein regelmäßiger Drogentest durchgeführt werden?*
Immer weniger Bürger nutzen ihr Wahlrecht. Was kann die Politik dagegen unternehmen?	
Gefahrenpotenzial Handy – Welche Folgen haben Gewaltvideos auf Handys für Jugendliche?	

Debattenfrage: Sollen Videospiele, die zur Gewaltanwendung auffordern (so genannte Killerspiele), für Jugendliche grundsätzlich verboten werden?

3 Kläre die Streitfrage. Arbeite im Heft. Zum Beispiel:
Was sind Killerspiele? Was ist Gewaltanwendung? Was heißt Jugendliche? Was heißt grundsätzlich? …

4 Fächere deine Fragen aus Aufgabe 3 mithilfe der W-Fragen Wer? Was? Wann? Wo? Wie? Womit? Wozu? weiter auf. Arbeite im Heft. Zum Beispiel:
Wer will ein Verbot? Wer kann es verbieten? Wem nützt es? Wer hat Nachteile davon? …

5 Sammle Pro- und Kontra-Argumente. Recherchiere in verschiedenen Quellen (z. B. Lexika, Sachbücher, Zeitschriften, Internet) nach Begründungen, Beispielen, Hintergrundinformationen, Statistiken und Gesetzen. Prüfe, gewichte und ordne alle Argumente in einer geeigneten Form. Arbeite im Heft.

6 Überlege dir zu deinen Argumenten mögliche Einwände und spiele im Vorfeld der Debatte Gegenpositionen gedanklich durch.

7 Entwirf schriftlich eine Eröffnungsrede, in der du die Debattenfrage klärst, zwei bis drei Aspekte ansprichst und mit dem Zielsatz endest. Verwende maximal zwei Minuten für deinen Beitrag. Arbeite im Heft.

Debattenfrage:	Sollen Videospiele, die …
Klärung:	Unter einem Verbot verstehe ich …
1. Aspekt	Jugendliche werden an Gewaltdarstellung gewöhnt.
2. Aspekt	…
3. Aspekt	…
Zielsatz:	Deshalb bin ich der Ansicht, dass …

8 Führt in der Klasse eine Debatte zu dieser Streitfrage durch.

- Die Klasse wird in zwei Gruppen geteilt, die eine Hälfte vertritt die Pro-, die andere die Kontra-Seite.
- Wählt aus jeder Gruppe vier Debattenredner aus, welche die Debatte vor der Klasse durchführen.
- Bestimmt einen Gesprächsleiter, der in die Debatte einführt, die Abstimmungsfrage vorstellt, den Ablauf und die Regeln erklärt und auf die Einhaltung der Redezeit achtet. Ihr könnt z. B. mit einer Klingel oder einer Glocke signalisieren, dass die Redezeit überschritten ist.
- Die anderen Schüler beobachten die Debatte und protokollieren den Verlauf. Achtet dabei besonders auf folgende Kriterien: Sachkenntnis (Was wurde gesagt?), Ausdrucksvermögen (Wie wurde es gesagt?), Gesprächsfähigkeit (zugehört? das Gehörte berücksichtigt?), Überzeugungskraft (einleuchtende Beiträge?)

Möglicher Ablauf der Debatte

1. **Eröffnungsrunde**
   - maximal zwei Minuten Redezeit pro Person ohne Unterbrechung
   - Die Seite beginnt, die am bestehenden Zustand etwas ändern will.
   - Darauf folgt die erste Gegenrede; dann die beiden anderen Teilnehmer.
2. **Freie Aussprache**
   - zehn bis zwölf Minuten in freiem Wechsel
3. **Schlussrunde**
   - maximal eine Minute Redezeit pro Person ohne Unterbrechung
   - Reihenfolge wie in Eröffnungsrunde

9 Analysiert eure Debatte unter folgenden Fragestellungen:

- Wurden verschiedene Aspekte angesprochen oder haben wir uns weitgehend um einen Punkt gedreht? (Z. B. Killerspiele machen gewaltbereit.)
- Waren es wesentliche Argumente oder haben wir Banalitäten ausgetauscht? (Z. B. Killerspiele verleiten dazu, sich Raubkopien zu beschaffen.)
- Haben wir durch Nachfragen die Argumente vertieft?
- Sind wir vom Thema abgeschweift?
- Haben die Teilnehmer an ihre Vorredner angeknüpft?
- Waren wir höflich zueinander, haben wir einander ausreden lassen?

10 Formuliere als Ergebnis eurer Debatte ein Schlussstatement. Es darf höchstens eine Minute dauern. Du kannst

- kurz die entscheidenden Punkte zusammenfassen
- Position beziehen
- den Zielsatz formulieren (z. B. Nach Abwägung aller Argumente bin ich nach wie vor der Meinung, dass …; Daher kann ich mich euch anschließen und bin auch dagegen, dass …).

Es ist durchaus möglich, an dieser Stelle seine Meinung zu verändern, weil die Gegenseite Argumente ins Spiel gebracht hat, welche die Fragestellung in einem neuen Licht erscheinen lassen. Neue Argumente haben aber in der Schlussrunde nichts zu suchen.

4 Die Podiumsdiskussion

Bei einer **Podiumsdiskussion** tragen mehrere Fachleute eines bestimmten Bereiches auf einem Podium vor Publikum ihre Positionen zu einem Thema vor. Die Diskussion wird von einem neutralen Moderator geleitet. Ziel ist es, den Zuhörerkreis über verschiedene Aspekte des Themas aufzuklären und zur Meinungsbildung zu führen. Im Verlauf der Diskussion erhält das Publikum Gelegenheit, sich mit Fragen und Widersprüchen in die Diskussion einzuschalten.

Für die Durchführung einer Podiumsdiskussion, z. B. an eurer Schule, sind folgende Punkte wichtig:

- Das Thema soll von allgemeinem Interesse, aktuell und umstritten sein.
- Auf dem Podium sitzen etwa vier bis sechs „Experten", die sich gründlich auf die Diskussion vorbereitet haben.
- Jeder Experte steht für eine bestimmte Position in der Diskussion, die sich aus seiner Rolle oder seinem Beruf herleitet.
- Vor Beginn der Diskussion stellt jeder Experte seine Position in einem Statement (knappe Darstellung der Meinung) vor.
- Ein neutraler Diskussionsleiter erteilt das Wort und achtet auf etwa gleichmäßige Beteiligung und Redezeit.
- Er kann Gesprächsanstöße geben, z. B. Fragen an die Teilnehmer stellen, und Ergebnisse zusammenfassen.
- Nach Ablauf einer (meist festgelegten) Zeit wird die Podiumsdiskussion ausgeweitet und das Publikum einbezogen, das dann selbst Fragen stellen und Beiträge liefern kann.

: 1 Schau dir eine Podiumsdiskussion an, z. B. im Fernsehen, auf einer Messe, bei einer Veranstaltung, … Beobachte und bewerte in Stichworten, wie überzeugend die Experten diskutieren, ob es der Moderator/die Moderatorin versteht, die unterschiedlichen Positionen der Fachleute zum Tragen zu bringen und eine gerechte Redeverteilung durchzusetzen, ob und wie das Publikum in die Diskussion einbezogen wird. Arbeite im Heft.

! : 2 Bereite dich auf die Rolle eines „Experten" in einer Podiumsdiskussion vor, die ihr in der Klasse zu einem wichtigen, euch interessierenden Thema führt, z. B.:

- Braucht unsere Schule einen Schulvertrag?
- Computer im Unterricht?
- Mehr Sport an der Schule?
- Nebenjobs zur Aufbesserung des Taschengelds?
- Ein eigenes Handy?
- Führerschein ab 16?

5 Die Konferenz

Die Teilnehmer einer **Konferenz** diskutieren zu zusammengetragenen Materialien, z. B. Konferenzthesen oder zu vorab dargebotenen Positionen, z. B. als Berichterstattung oder Plenarreferat. Die Reihenfolge der Redebeiträge wird in der Regel durch eine Tagesordnung bestimmt. Das Ziel einer Konferenz besteht meist darin, die Teilnehmer über Erkenntnisse und Standpunkte zu den aufgeworfenen Fragen zu informieren sowie eine gemeinsame Lösung des Problems zu finden.

In der Schule spielt diese Diskussionsform eine wichtige Rolle:

- Sie wird aus einem bestimmten Anlass (z. B. Disziplinarvorfall in der Klasse) oder regelmäßig (z. B. Gesamt- oder Schulkonferenz in der Regel viermal im Schuljahr) zusammengerufen und abgehalten.
- Beteiligt ist ein bestimmtes Gremium (z. B. Schulleitung, Elternvertreter, Lehrer, Schülervertreter).
- Sie diskutiert wichtige Themen, die als Tagesordnungspunkte in der Tagesordnung festgehalten sind. Auch eingegangene Anträge können diskutiert werden mit dem Ziel, darüber abzustimmen.
- Geleitet wird sie vom Konferenzleiter (z. B. dem Schulleiter).

- Der Verlauf und die Ergebnisse werden von einem Protokollanten protokolliert. Das Protokoll wird allen Teilnehmern der Konferenz zugestellt.

1 Beobachte zum Beispiel als Schülervertreter(in) in einer Fachkonferenz Zweck, Themen, Verlauf und Ergebnisse einer Konferenz.

2 Bereite dich auf deine Rolle als Konferenzteilnehmer vor, indem du vorher die Tagesordnung liest und überlegst, zu welchem Punkt du sprechen willst. Berate dich auch mit deinen Mitschülern, welche Auffassungen der Schülervertretung du einbringen sollst.

3 Führt eine Schreibkonferenz in der Gruppe durch. Legt Aufsätze, die ihr verfasst habt, zugrunde. Bereitet euch in Stichworten auf euren Konferenzbeitrag zum Thema „Wie ist der Aufsatz zu bewerten und zu verbessern?“ vor.

4 Weise am Beispiel einer Schreibkonferenz allgemeine Merkmale einer Konferenz nach.

5 Recherchiere im Internet, welche nationalen und internationalen Konferenzen in der letzten Zeit durchgeführt wurden. Notiere Stichworte. (Wer? Wann? Wo? Was?) Arbeite im Heft.

6 Die Talkshow

Im Rahmen einer Hörfunk- oder Fernsehsendung diskutieren geladene Talkgäste unterschiedlicher beruflicher und sozialer Herkunft mit dem Gastgeber/der Gastgeberin und untereinander zu dem gegebenen Thema bzw. zu einer Streitfrage. Der Gastgeber fungiert als Moderator, der das Gespräch lenkt. Ziel ist es, die Zuhörer oder Zuschauer zu unterhalten und zur Meinungsbildung anzuregen.

1 Suche in einer Programmzeitschrift des Fernsehens, welche Talkshows innerhalb einer Woche angeboten werden. Notiere Titel, Sender, Sendezeit, Thema und Gäste. Überlege auch, an welches Publikum sich die jeweilige Talkshow richten könnte.

TITEL	SENDER	SENDEZEIT	THEMA	GÄSTE	PUBLIKUM

2 Verfolge im Fernsehen eine Talkshow. Achte auf das Gesprächsverhalten der Teilnehmer und des Moderators. Halte anschließend in einigen Sätzen fest, was du von der Talkshow „mitgenommen“ oder gelernt hast. Formuliere dann einige Sätze der Kritik an der Show. Arbeite im Heft.

! 3 Plant eine Talkshow in der Klasse als ein – nicht ganz ernst gemeintes – Rollenspiel und bereitet euch jeweils auf eine Rolle vor. Führt die Talkshow durch.

7 Prüfe dich selbst

Kann ich unterschiedliche Gesprächsformen nennen?

1 Nenne Gesprächsformen, bei denen es vorrangig um den Austausch entgegengesetzter Meinungen geht.

____

____

Kann ich kontroverse Gesprächsformen unterscheiden und erläutern?

2 Setze richtig ein, um welche Gesprächsform es sich jeweils handelt.

Diskussion | Debatte | Konferenz

1. Eine ______________ kann, muss aber nicht geleitet sein.
2. Die ______________ dient dem Meinungsaustausch und ist in der Regel offen.
3. Die ______________ und die ______________ haben meist eine spezielle (Streit)-Frage zum Inhalt.
4. Bei einer ______________ und einer ______________ müssen die Redebeiträge angemeldet sein.
5. Der Anlass für eine ______________ ist oft spontan. Sie kann auch im Zweiergespräch erfolgen.

3 Welche Aussagen über den Ablauf von Diskussionen bzw. Debatten treffen zu? Kreuze die richtigen Antworten an.

	richtig	falsch
a) Bei Debatten ist die Redezeit der Pro- und Kontra-Sprecher vorher genau festgelegt.	☐	☐
b) Am Ende von Diskussionen und Debatten wird immer abgestimmt, um ein Meinungsbild zu bekommen.	☐	☐
c) Bei Diskussionen tauschen sich die Teilnehmer ohne festgelegte Reihenfolge und Redezeit untereinander aus.	☐	☐

4 Nenne drei Unterschiede zwischen Podiumsdiskussionen und Diskussionen.

____

____

____

: 5 Welche Aussagen über Konferenzen treffen zu, welche nicht? Kreuze an.

		richtig	falsch
a)	Konferenzen finden immer regelmäßig statt.	☐	☐
b)	Konferenzen sind geleitete Gesprächsformen und bestehen oft aus den gleichen Teilnehmern.	☐	☐
c)	Die Gesprächsthemen werden vor Konferenzbeginn in einer Tagesordnung festgehalten und dann nacheinander behandelt.	☐	☐
d)	Konferenzen sind stets geheim, die Gesprächsergebnisse dürfen nicht an Außenstehende weitergeleitet werden.	☐	☐

: 6 Erläutere den Sinn und die Eigenart von Talkshows. Berücksichtige dabei die vorgegebenen Aspekte.

Teilnehmer | Ziel/Anlass | Leitung | Verlauf

Kann ich wesentliche Gesprächsregeln nennen, die insbesondere bei kontroversen Gesprächsformen wichtig sind?

: 7 Was musst du generell bei kontroversen Gesprächsformen beachten? Nenne die wichtigsten Regeln.

Kann ich wichtige Gesichtspunkte angeben und erläutern, die man beachten muss, damit eine Diskussion ergiebig ist?

8 Vervollständige die Sätze über ein gutes Diskussionsverhalten sinngemäß.

- In einem eigenen Diskussionsbeitrag sollte man an ______________________________ anknüpfen.
- Vor einer Diskussion sollte man das ____________________ genau klären und sich über das Problem ____.
- Seinen eigenen Diskussionsbeitrag sollte man ____________________ formulieren und Beiträge anderer nicht mit ____ abblocken.
- Seine Meinung sollte man mit ____________________ begründen und möglichst mit ____________________ belegen.

9 Wie beurteilst du die beiden Beiträge? Schreibe deine Einschätzung auf und begründe sie.

Aus einer Diskussion von Schülerinnen und Schülern über ein generelles Rauchverbot an den Schulen:

Benedikt

Ich finde das Rauchverbot gut, weil dadurch ein Zeichen gesetzt wird und viele Jugendliche sich das Rauchen abgewöhnen oder gar nicht erst anfangen. Ich habe gelesen, dass sich in Italien ganz viele Menschen das Rauchen abgewöhnt haben, nachdem das Rauchen auf öffentlichen Plätzen und in Bars verboten wurde. Deshalb müsste es sogar noch viel mehr Rauchverbote geben.

Typisch Nichtraucher. Soll ich jetzt während der Schulzeit gar nicht mehr rauchen? Ich gehe einfach in den Fahrradkeller. Da überblickt man den ganzen Hof, ohne selbst gesehen zu werden. Und wenn jemand von den Lehrern rüberkommt, mache ich die Zigarette einfach aus und warte, bis er wieder weg ist. Das ist total cool, denn da treffen sich alle.

Mirjam

Beitrag von Benedikt: ____

____

Beitrag von Mirjam: ____

____

10 Welche Aussagen über „Killerphrasen" treffen zu? Kreuze an.

	richtig	falsch
a) „Killerphrasen" sind unwiderlegbare Gegenargumente zu einer Position.	☐	☐
b) „Killerphrasen" sind stets unsachlich bzw. enthalten keine Argumente.	☐	☐

	richtig	falsch
c) „Killerphrasen" haben oft einen verletzenden bzw. beleidigenden Nebenton.	☐	☐
d) Eine „Killerphrase" ist z. B. die Äußerung: Von dir habe ich gar nichts anderes als diesen Unsinn erwartet.	☐	☐

8 Kontrolle und Einschätzung, Tipps zur Weiterverarbeit

AUFGABE	BEARBEITET AM	WIEDERHOLT AM	🙂 KONNTE ICH GUT	😐 DAS WAR MITTEL	🙁 MUSS ICH ÜBEN	*Wenn du* 😐 *oder* 🙁 *angekreuzt hast, dann bearbeite folgende Aufgaben im Teil Üben und Anwenden:*
: 1						S. 76/1; S. 82/1
: 2						S. 76/1
: 3						S. 75/4; S. 76/1; S. 82/1
: 4						S. 83/3
: 5						S. 83/5
: 6						S. 83/3
: 7						S. 75/3; S. 78/1; S. 78/7; S. 80/3; S. 80/4
: 8						S. 75/3; S. 75/4; S. 77/4; S. 77/6; S. 78/1; S. 80/3; S. 80/4
: 9						S. 75/3; S. 76/2; S. 76/3; S. 77/4; S. 77/5; S. 77/6; S. 80/1; S. 80/2; S. 80/3
: 10						S. 75/3

EINSCHÄTZUNG DER LEHRERIN/DES LEHRERS ODER DER ELTERN:

1 Verschiedene Arten der Erörterung unterscheiden

Die schriftliche Form einer Argumentation ist die **Erörterung**, bei der du zu einer Frage oder einem Sachverhalt begründet Stellung nimmst. Der Ausgangspunkt einer Erörterung kann ein Text oder auch nur ein Thema sein. Man unterscheidet dementsprechend zwei Arten der Erörterung: die textgebundene und die freie Erörterung.
Bei einer **textgebundenen Erörterung** liegt immer ein Text zugrunde, mit dem du dich intensiv befasst. In Auseinandersetzung mit diesem Text erarbeitest du dir eine eigene Meinung und legst diese in Abgrenzung zum Text argumentierend dar.
Bei einer **freien Erörterung** sammelst und gewichtest du deine Argumente, Beispiele und Belege zu einem Thema. Im Zentrum einer **linearen Erörterung** (linear = geradlinig) steht ein Thema, das es zu beleuchten oder eine Ergänzungsfrage, die es zu beantworten gilt. Du beziehst Stellung für eine Seite und legst deine Meinung mit entsprechenden Argumenten dar.
Manche Erörterungsthemen sind **kontrovers** (kontrovers = strittig) angelegt und erfordern eine **Pro- und Kontra-Erörterung**. Du erkennst sie daran, dass die Problematik meist als Entscheidungsfrage, Forderung oder Behauptung formuliert ist. Hier musst du die Pro- und Kontra-Argumente abwägen und zu einem eigenen, begründeten Urteil gelangen.

____
(= schriftliche Form einer Argumentation)

____
(Grundlage = Text)

____
(unabhängig von Text)

____
(Stützen einer These durch eine Argumentationskette)

____
(Auseinandersetzung mit Pro- und Kontra-Argumenten)

1 Ordne die Begriffe Erörterung, lineare Erörterung, textgebundene Erörterung, Pro- und Kontra-Erörterung und freie Erörterung mithilfe des Merkwissens in das Schaubild ein.

2 Formuliere zu den Themen eine Fragestellung für eine lineare und für eine Pro- und Kontra-Erörterung.

Beispiel: Taschengeld für Jugendliche ab 16 Jahren: Wie viel Taschengeld sollten Jugendliche ab 16 Jahren bekommen? (lineare E.) Sollten Jugendliche ab 16 Jahren überhaupt noch Taschengeld bekommen? (Pro- und Kontra-E.)

Eigenbeteiligung bei Krankenhauskosten für jugendliche „Alkoholleichen“: ____________________

____

Billigflüge und Umweltschutz: ____________________

____

2 Die freie Erörterung

Egal, ob du eine lineare oder eine Pro- und Kontra-Erörterung verfassen sollst, du kannst immer in folgenden Arbeitsschritten vorgehen:
1. Das Thema erschließen
2. Eine Stoffsammlung erstellen
3. Einen Schreibplan anfertigen
4. Die Erörterung schreiben und überarbeiten

2.1 Die freie Erörterung vorbereiten

Das Thema erschließen

Zentrale Begriffe ermitteln/klären → das Thema mithilfe von W-Fragen auffächern → wichtige Aspekte des Problems (z. B. Ursachen, Gründe, Folgen, …) notieren

1 Erschließe das Thema „Schüler in Uniform" mithilfe der Arbeitsschritte in den Kästen. Arbeite im Heft.

Eine Stoffsammlung erstellen

1 Vorwissen klären, Informationsbedarf bestimmen

2 Material zu den Aspekten recherchieren und sammeln (z. B. in Sachbüchern, Zeitschriften, Internet, …)

3 das Material auswerten, wichtige Informationen notieren: Argumente, Belege, Beispiele

4 Informationen ordnen, z. B. mithilfe einer Mindmap

5 eine(n) eigene These/eigenen Standpunkt/Ziele formulieren, dazu Argumente notieren, Themenstellung im Auge behalten

6 die Argumente durch Belege und Beispiele stützen, Arten von Argumenten beachten, Argumente gewichten

7 den Argumenten die entsprechenden Gegenargumente zuordnen, um diese entkräften zu können

8 noch einmal die Themenbindung prüfen

2 Erstelle zu dem Thema „Schüler in Uniform" eine Stoffsammlung. Du kannst dafür auch die Texte auf Seite 6–9 nutzen. Arbeite im Heft.

2.2 Die lineare Erörterung

Einen Schreibplan anfertigen

Bei der **linearen Erörterung** geht es nicht um die Gegenüberstellung von Pro- und Kontra-Argumenten, sondern um die **Begründung eines Standpunktes.** Die lineare Erörterung besteht aus Einleitung, Hauptteil und Schluss:

A Einleitung
- Hinführung zum Thema: Klärung der Fragestellung, evtl. wichtige Begriffe erläutern
- Interesse des Lesers wecken durch: aktuellen Bezug, eigene Erlebnisse, ...
- Überleitung zum Hauptteil

B Hauptteil
- eigene These zum Thema
- nur Argumente für die These:

  Argument 1 (weniger wichtig)
  Argument 2 (wichtig) — steigernde Anordnung
  Argument 3 (sehr wichtig)
  ...
- Argumente steigernd vom schwächsten zum stärksten ordnen
- Stützung der Argumente durch Beispiele und Belege (Gewichtung beachten)
- Entkräftung möglicher Gegenargumente kann Überzeugungskraft stärken

C Schluss
- abschließende Stellungnahme, evtl. Bezug auf Einleitung
- möglicher Abschluss: Ausblick auf Künftiges oder auf andere Bereiche des Themas, persönlicher Wunsch, eine Hoffnung, eine Forderung

1 Notiere deine eigene These zum Thema „Schüler in Uniform".

____

____

2 Ordne die Argumente vom schwächsten zum stärksten, indem du sie nummerierst.

- ☐ Schuluniformen können zur Verbesserung des Schulklimas beitragen.
- ☐ Schuluniformen verbessern die Konzentration auf den Unterricht.
- ☐ Schuluniformen verhindern Markenzwang und Konsumterror.
- ☐ Schuluniformen stärken das Gemeinschaftsgefühl.
- ☐ Schuluniformen verhindern Ablenkung durch bauchfreie Kleidung.

3 Bringe deine Argumente aus der Stoffsammlung (Seite 35) mit dazugehöriger Begründung (Beispiel, Beleg) in eine Reihenfolge. Bedenke auch mögliche Gegenargumente. Beginne mit dem schwächsten Argument. Arbeite im Heft.

Ausschnitt aus einem Schreibplan

B. Wir halten Schuluniformen für sehr sinnvoll!

I. Schuluniformen verbessern das Schulklima.

1. Schluss vom Äußeren auf die Person wird verhindert.
   - Beleg: häufige Vorurteile aufgrund von Kleidung (Selbstbeobachtung)
   - mögliches Gegenargument: Schuluniformen betreffen nicht alle äußeren Merkmale, z. B. Brillen, Frisuren, ...
2. Befreiung von Markenzwang und Konsumterror
   - Beleg: Erfahrung zeigt Ausgrenzung aufgrund billiger Kleidung.
   - mögliches Gegenargument: Unterschiede in den finanziellen Verhältnissen auch in anderen Dingen als Kleidung sichtbar
3. Stärkung des Gemeinschaftsgefühls
   - Beleg: Bundestagsabgeordneter Johannes Singhammer
   - Beispiel: Mannschaftsuniformen im Sport

4 Untersuche den Inhalt und die Darstellungsweise dieses Ausschnitts aus einem Schreibplan. Prüfe, ob
- die Begründungen zum übergeordneten Argument gehören,
- die Beispiele und Belege zu den Argumenten passen,
- die möglichen Gegenargumente zu den Argumenten gehören,
- die Formulierungen genügend klar und aussagekräftig sind.

Verbessere den Hauptteil dieses Schreibplans.

5 Erstelle einen kompletten Schreibplan. Prüfe kritisch die Argumente und ihre Reihenfolge aus Aufgabe 3 und verwende sie in überarbeiteter Form für den Hauptteil deines Schreibplans. Arbeite im Heft.

Eine lineare Erörterung schreiben und überarbeiten

Beachte beim Schreiben einer **linearen Erörterung** die Argumentationslogik und die Sprache. Die **Argumentationslogik** wird sichtbar durch eine inhaltliche und optische Gliederung, die steigernde Anordnung der Argumente und ein themenbezogenes Vorgehen. Verwende sachliche, klare und angemessene Formulierungen. Verknüpfe Sätze und Argumente sinnvoll.

Formulierungshilfen

- **für die Reihenfolge**: zunächst, zum einen ... zum anderen, des Weiteren, weiterhin, zusätzlich kann angeführt werden, ein weiterer Aspekt, außerdem, schließlich
- **für Gewichtungen**: vor allem, besonders schwer wiegt, hervorzuheben ist, genau so muss
- **für Begründungen**: daher, denn, weil, da, deshalb
- **für Beispiele und Belege**: das zeigt sich, so auch für
- **für die Entkräftung von Gegenargumenten**: zwar, obwohl, trotz des/der, wenn auch, nicht vergessen werden darf, falls

Ein häufiges Streitthema an deutschen Schulen ist die Schuluniform. Bei Schülern verhasst und Lehrern beliebt, soll die Schuluniform jegliche Art von Ungleichheit ausräumen. Schuluniform meint dabei eine einheitliche Kleidung für alle Schülerinnen und Schüler, angefangen bei den Schuhen bis hin zur möglichen Kopfbedeckung. Doch inwieweit trägt eine solche Einheitskleidung tatsächlich dazu bei, Diskriminierung und Mobbing zu verhindern?

6 Überlege, ob dieser Beginn eines Schülertextes zum Weiterlesen reizt. Begründe deine Meinung.

7 Untersuche den Schülertext genauer:

- Auf welche Weise möchte der Schüler das Interesse der Leser wecken?
- Wie führt er zum Thema hin?
- Wer könnte sich angesprochen fühlen?

8 Formuliere eine eigene Einleitung. Arbeite im Heft.

Die Einführung von Schuluniformen ist vor allem aus zwei Gründen sinnvoll. Zum einen können Schuluniformen das Klima an einer Schule verbessern.

Zunächst verhindert eine einheitliche Kleidung, dass vom Äußeren auf das Innere einer Person geschlossen wird. Zwar betrifft die Kleidung nicht alle äußeren Merkmale einer Person, doch ist zumindest eine häufige Ursache von Vorurteilen, die jeder an sich selbst beobachten kann, damit ausgeschaltet.

Sodann entbindet die Uniform von Markenzwang und Konsumterror. So braucht sich niemand deswegen minderwertig fühlen, weil er sich eine bestimmte Kleidung nicht leisten kann. Selbst wenn man bedenkt, dass soziale Unterschiede nicht nur in der Kleidung zum Ausdruck kommen, so zeigt doch die Erfahrung, dass Schüler oft aufgrund ihrer Kleidung diskriminiert werden.

Schließlich können Uniformen das Gemeinschaftsgefühl stärken, so der Münchner CSU-Bundestagsabgeordnete Johannes Singhammer. Dies lässt sich beispielsweise auch im Sport beobachten, wo Uniformen die mit Stolz verbundene Zugehörigkeit zu einer bestimmten Gruppe zum Ausdruck bringen und so den Mannschaftsgeist fördern.

Indem also Schuluniformen äußere Gleichheit unter den Schülern herstellen, stärken sie ihre Zusammengehörigkeit nach innen und außen und tragen so zu einer Verbesserung der Atmosphäre bei.

9 Analysiere den Auszug aus einer Erörterung auf Seite 38 unten.
- Unterstreiche die These, die vertreten wird.
- Markiere mit drei verschiedenen Farben das Hauptargument, die Argumente, mit denen das Hauptargument verbunden wird, und alle Belege und Beispiele.

10 Untersuche, wie in dem Text einzelne Sätze miteinander verknüpft sind. Schreibe alle Formulierungen heraus, durch die
- Argumente eingeleitet werden,
- Argumente miteinander verknüpft werden,
- Argumente und Beispiele miteinander verknüpft werden,
- Gegenargumente aufgegriffen werden.

Auch bei uns herrscht, zumal in den Großstadtschulen, zunehmend Zoff und Leistungsverfall; also gilt es, die Kinder von Einheimischen und Minderheiten zu solidarisieren, ihnen Respekt füreinander und für die Schule einzuflößen. Da wäre die Uniform, die sie alle – Deutsche und Türken, Arme und Bessergestellte – gleichmacht, kein schlechter Anfang.

11 Wie wirkt dieser Schluss eines Zeitungsartikels zum Thema Schuluniformen auf dich? Begründe.

12 Untersuche Inhalt und Darstellungsweise genauer:
- Welcher thematische Aspekt wird angesprochen?
- Wie wird der Schlussgedanke entfaltet?
- Welche sprachlichen Gestaltungsmittel werden gewählt?

: 13 Formuliere einen eigenen Schluss, indem du eine der Möglichkeiten wählst:
- Ausblick auf Künftiges
- persönliche Forderung
- an die Einleitung anknüpfen

Arbeite im Heft.

: 14 Verwende deinen Schreibplan (Seite 37, Aufgabe 5), deine Einleitung (Seite 38, Aufgabe 8) und deinen Schluss (Seite 40, Aufgabe 13) und verfasse eine komplette lineare Erörterung zum Thema „Schüler in Uniform". Arbeite im Heft.

Warum nicht bauchfrei?

Bauchfreie T-Shirts – es sind immer nur einige Schülerinnen, die so spärlich bekleidet zur Schule erscheinen, doch sie sorgen stets aufs Neue für Irritationen. Kleidung darf nicht wichtiger werden als der Unterricht. Deshalb hat das Heinrich-Heine-Gymnasium Eltern aufgefordert, auf angemessene Kleidung ihrer Töchter zu achten. Schülerinnen, die sich in der Wahl ihrer Kleidung vergreifen, werden künftig zum Umziehen nach Hause geschickt.

Dies ist eine gute Entscheidung, denn die Schule ist ein Ort des Lernens und nichts anderes. Deshalb fühlen sich männliche Jugendliche auch bei uns durch die knappe Kleidung ihrer Klassenkameradinnen vom Unterricht abgelenkt. So beispielsweise Michael aus der 9d: „Das ist doch klar, dass ich da nicht ruhig bleibe, wenn ich so einen halbnackten Oberkörper neben mir sitzen sehe." Dagegen begründet auch die Direktorin des Heine-Gymnasiums ihre Entscheidung: „Wir haben natürlich Verständnis für Mädchen, die mit der Mode gehen. Doch es gibt Grenzen zwischen dem, was in der Freizeit vielleicht passend erscheint, aber nicht an einem Ort des Lernens und Arbeitens." Zwar mögen einige Schülerinnen sich in ihrer individuellen Freiheit eingeschränkt fühlen, doch wiegt die Freiheit des Lernenkönnens für alle schwerer.

Auch Eltern können erleichtert sein, dass eine offizielle Vorschrift ihnen nun anstrengende Diskussionen mit ihren Töchtern über deren Kleidung erspart.

Außerdem laufen Mädchen auch außerhalb der Schule überall bauchfrei herum.

Schließlich spricht für die Entscheidung auch die Tatsache, dass manche Menschen sich durch knappe Kleidung brüskiert sehen, weil sie gegen Anstand und Sitte verstößt. Es ist eben Teil unserer Kultur, dass wir bekleidet und nicht nackt herumlaufen. Und auch wenn man an heißen Sommertagen in den Parks einen anderen Eindruck gewinnen kann, so ist die Schule eben einem Park auch nicht vergleichbar.

Meiner Meinung nach sollen Schüler und Schülerinnen anziehen, was sie wollen, da es nicht die Aufgabe der Schule ist, Kleidervorschriften zu erlassen, sondern den vorgeschriebenen Unterrichtsstoff zu vermitteln.

: 15 Was ist dein erster Eindruck von diesem Schülertext? Begründe deine Meinung.

____

____

____

: 16 Rekonstruiere in Stichworten den Schreibplan, welchen die Schülerin vorher angefertigt haben könnte. Arbeite im Heft.

17 Überprüfe den Schülertext (Seite 40) und mache Vorschläge für eine Überarbeitung. Achte auf folgende Punkte:

- Weckt die Einleitung das Interesse der Leser?
- Welche These soll vertreten werden?
- Welche Argumente werden angeführt? Passen sie zur These? Überzeugen sie?
- Ist die Reihenfolge der Argumente sinnvoll?
- Werden die Argumente durch passende Beispiele und Belege gestützt?
- Passen die Gegenargumente zu den Argumenten?
- Passt der Schluss zum Hauptteil?

18 Untersuche folgende Stellen genauer und mache Verbesserungsvorschläge:

- „Außerdem laufen Mädchen auch außerhalb der Schule überall bauchfrei herum."
  Handelt es sich hier um ein Argument? Passt es zur These?
- „Es ist eben Teil unserer Kultur, dass wir bekleidet und nicht nackt herumlaufen."
  Beurteile die argumentative Qualität dieser Aussage.

19 Untersuche die gedanklichen Verknüpfungen im Schülertext. Verbessere die sprachliche Ausdrucksweise.

20 Überarbeite deine lineare Erörterung (Seite 40, Aufgabe 14). Orientiere dich am Merkwissen Seite 38.

2.3 Die Pro- und Kontra-Erörterung

Das Thema erschließen und eine Stoffsammlung erstellen

- ☐ Die Brutalität jugendlicher Gewalttäter hat zugenommen. Erörtere mögliche Ursachen.
- ☐ Soll das Jugendstrafrecht verschärft werden?
- ☐ Sollen jugendliche Straftäter ausländischer Herkunft ausgewiesen werden?
- ☐ Gewalttätiges Verhalten wird erlernt. Zeige auf, welche Rolle die Familie bei der Entwicklung von jugendlichen Straftätern spielt.

1 Lies auf Seite 34 nach, woran du Erörterungsthemen erkennst, die eine Pro- und Kontra-Erörterung erfordern. Kreuze die Themen an, welche eine Pro- und Kontra-Erörterung verlangen.

Soll das Jugendstrafrecht verschärft werden? – Der Fall Mehmet

'Mehmet' alias Mulis A.

'Mehmet' alias Muhlis A., ein in München (Neuperlach) geborener und aufgewachsener türkischer Jugendlicher, verübt im Alter von 11 bis 14 Jahren bereits 60 Straftaten. Als er 1998 14 Jahre alt wird, kann er nach einem weiteren Verbrechen (Raub, schwere Körperverletzung) erstmals verurteilt werden (ein Jahr Haft ohne Bewährung). Anstatt ihn die Haft in Deutschland verbüßen zu lassen, wird er von den Behörden in die Türkei abgeschoben. Nachdem das Bundesverwaltungsgericht die Abschiebung für rechtswidrig erklärt hat, kehrt 'Mehmet' im Jahre 2002 nach Deutschland zurück und wohnt zunächst in einem sozialpädagogisch betreuten Haus in München. Den Hauptschulabschluss besteht er mit der Note 1,5, findet jedoch keinen Job. Ab Weihnachten 2004 wohnt er wieder bei seinen Eltern in Neuperlach. Als der inzwischen 20-Jährige 2005 seine Eltern bestiehlt, bedroht und verprügelt, prüfen die Behörden eine erneute Ausweisung.

http://www.rp-online.de/public/article/nachrichten/journal/justiz/deutschland/80417

Aus einer TV-Reportage zum Thema Jugendstrafrecht

Timo: Mit 19 klaut er ein Fahrrad, überfällt mit einer Gaspistole einen Passanten, raubt dem Opfer die Geldbörse. Timo wird geschnappt. Schon vor seinem Prozess nimmt er Kontakt zu dem Opfer auf, entschuldigt sich, bemüht sich, seine Tat wiedergutzumachen. Er leistet freiwillige Arbeitsstunden. Das Jugendgericht entscheidet: Der 19-Jährige erhält keine Strafe, sondern nur eine Ermahnung.

TIMO: „Ich denke, ich hatte noch mal verdammt großes Glück, dass man mir die Chance gegeben hat, noch mal letztendlich mit dem Opfer ins Reine zu kommen. Für mich war die Strafe, die ich hatte, schlimmer, also dass ich halt demjenigen wieder in die Augen gucken musste und dass ich halt mit dem leben musste, was ich gemacht habe. Das war für mich schlimmer als jede andere Strafe hätte sein können."

Jugendrichter Andreas Müller ist bekannt für seine harten Urteile. Doch den neunzehnjährigen Timo hat er nur ermahnt, um ihm eine Vorstrafe zu ersparen:

ANDREAS MÜLLER: „Nach Erwachsenenstrafrecht wäre dieser Junge seinerzeit zu einer Freiheitsstrafe, möglicherweise ohne Bewährung, verurteilt worden. Er hätte Strafvollzug erlitten, er hätte keine Lehre machen können, er hätte sich sein Leben lang als vorbestraft darstellen müssen. Er wäre letztlich kein ordentliches Mitglied dieser Gesellschaft geworden. Und es war ein einmaliger Ausbruch bei einem jungen Menschen und ein einmaliges Versehen. So waren wir dankbar, dass wir das Jugendstrafrecht hatten. Sonst hätten wir Richter, damals waren es drei, auf unsere Kappe nehmen müssen, dass wir einen jungen Menschen kaputt gemacht hätten."

Timo konnte sein Abitur fertig machen und hat eine Lehrstelle bekommen. Mit seinem damaligen Opfer ist er noch heute befreundet.

Das Jugendstrafrecht – für die einen eine fragwürdige Chance, für die anderen das sichere Todesurteil!

Wieder wird ein Kind durch einen Wiederholungstäter missbraucht und ermordet – und wieder sieht die […] Bundesregierung keinen Handlungsbedarf!

Der Mörder des 9-jährigen Peter A. hatte bereits als Jugendlicher ein Kind missbraucht und mit 70 Messerstichen ermordet. Da er sich damals selbst stellte, entschied sich das Gericht statt der Höchststrafe im Jugendstrafrecht von 10 Jahren zu einer Jugendstrafe von 9 Jahren.

Leider müssen wir uns heute mit der Tatsache abfinden, dass Jugendliche, d.h. junge Menschen unter 18 Jahren, ohne rational nachvollziehbares Motiv auf grausamste Weise morden – eine Tatsache, der unser derzeitiges Jugendstrafrecht schon lange nicht mehr gerecht wird. Wenn diese jugendlichen Mörder voll schuldfähig sind, dann müssen sie nach Verbüßung von maximal 10 Jahren Jugendstrafe, und seien sie noch so gefährlich, wieder in Freiheit entlassen werden. Auflagen, beispielsweise die Teilnahme an einer Therapie, sind aber völlig unsinnig, wenn der Gesetzgeber für die Nichteinhaltung der Auflagen keine spürbaren Sanktionen vorsieht. Deshalb fordert der Verein Opfer gegen Gewalt e.V. schon seit Jahren die Abkehr von der strikten Begrenzung der Höchststrafe auf 10 Jahre. Den Tatgerichten ist ein größerer Spielraum einzuräumen. Es muss auch im Jugendstrafrecht die grundsätzliche Möglichkeit einer lebenslangen Freiheitsstrafe bestehen, um dem Tatgericht und später der Strafvollstreckungskammer weitreichendere und damit bessere Spielräume einzuräumen, auf den konkreten Fall, insbesondere auf die Täterpersönlichkeit, zu reagieren. Auch jugendliche Täter müssen so lange untergebracht werden können, wie sie als gefährlich einzustufen sind. Wenn man schon davon ausgeht, dass eine erzieherische Einwirkung erforderlich ist, dann kann diese nur dann funktionieren, wenn entsprechende Einwirkungsmöglichkeiten bestehen. Wenn ein Verstoß gegen ein Verbot ohne Sanktion bleibt, kann es keine erzieherische Wirkung entfalten.

[…]

Gabriele Karl

Sanktion: Zwangsmaßnahme, Strafe

Tatgericht: entscheidet bei Jugendlichen über Erziehungsmaßnahmen oder Jugendstrafe

: 2 Erschließe das Thema. Informiere dich über einzelne Aspekte (Ursachen, Gründe, Folgen) genauer und erstelle eine Mindmap. Arbeite im Heft.

! : 3 Erstelle eine Stoffsammlung. Setze dich dazu mit den Texten auseinander und suche weiteres Material. Du kannst dich an den Arbeitsschritten auf Seite 35 orientieren. Lege eine Tabelle nach dem Muster an und ordne die Argumente und Belege/Beispiele ein. Arbeite im Heft.

PRO		KONTRA	
ARGUMENTE	**BELEGE/BEISPIELE**	**ARGUMENTE**	**BELEGE/BEISPIELE**
• Gegenwärtiges Jugendstrafrecht wird der zunehmenden Gefahr durch jugendliche Gewalttäter nicht mehr gerecht.	• Ermordung des neunjährigen Peter A.	• Erziehungsaufgabe des Jugendstrafrechts darf nicht durch Verschärfung der Strafen gefährdet werden.	• Fall Timo: Einsicht, Reue, Besserung

Einen Schreibplan anfertigen

In der **Pro-Kontra-Erörterung** werden Argumente, die **für (These)** und **gegen (Antithese)** eine Auffassung, Forderung, Maßnahme, ... sprechen, einander sachlich gegenübergestellt, um zu einer eigenen, begründeten Position zu gelangen.
Wie die lineare Erörterung besteht auch die Pro- und Kontra-Erörterung aus Einleitung, Hauptteil und Schluss:

A Einleitung

- Hinführung zum Thema: strittigen Punkt so formulieren, dass die gegensätzlichen Positionen deutlich werden, evtl. wichtige Begriffe erläutern
- Interesse des Lesers wecken durch: aktuellen Bezug, eigene Erlebnisse, ...
- Überleitung zum Hauptteil

B Hauptteil (zwei verschiedene Möglichkeiten)
wechselnde Argumentation (Ping-Pong-Schema):

- Argumente nach Sachaspekten geordnet einander gegenüberstellen wie bei einem Schlagabtausch
- nacheinander alle Pro- und Kontra-Argumente gegeneinander abwägen
- als Ziel die eigene Sichtweise als die überzeugendere darstellen

zweigeteilte Argumentation im Block (Sanduhrschema):

- im ersten Teil alle Gegenargumente in fallender Anordnung vom stärksten zum schwächsten Argument widerlegen: wichtigstes Gegenargument (+Widerlegung), wichtiges Gegenargument (+Widerlegung), weniger wichtiges Gegenargument (+Widerlegung)
- Überleitung zum zweiten Teil
- im zweiten Teil die Pro-Argumente nennen, mit dem schwächsten Argument beginnen und mit dem stärksten enden: Argument 1 (weniger wichtig), Argument 2 (wichtig), Argument 3 (sehr wichtig)
- dieses Aufbauschema läuft am Ende auf die eigene Position hinaus

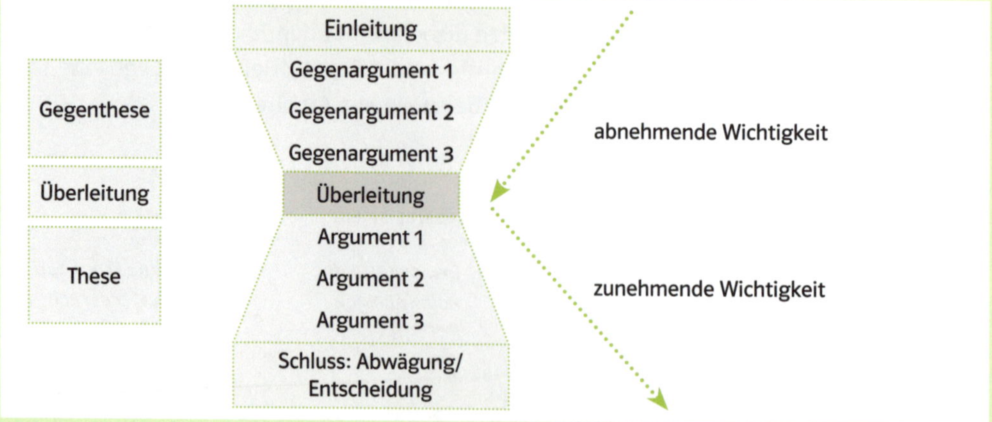

C Schluss

- Zusammenfassung der verschiedenen Argumente; Darstellung der eigenen, begründeten Meinung; Bezug zur Einleitung herstellen
- möglicher Abschluss: Fragestellung erweitern, neue Aspekte des Themas und seiner Lösung aufzeigen, Appell an Leser richten

Pro-These (Verschärfung)

A 1: Mehmet hat zahlreiche Straftaten verübt und viele Menschen geschädigt.
Beleg: Strafregister, kriminelle Karriere, mehrfacher Wiederholungstäter

A 2: Die Gesellschaft muss effektiv vor weiteren Gewalttaten Mehmets geschützt werden. Eine härtere Bestrafung garantiert diesen Schutz.
Beleg: Keine Bedrohung durch Mehmet nach seiner ersten Abschiebung (1998–2002)

A 3: Die Opfer erwarten eine gerechtere Bestrafung, die den Täter wirksam von noch schlimmeren Gewalttaten abhält.
Beleg: ...

Kontra-These (Keine Verschärfung)

A 1: Durch eine härtere Bestrafung (langjährige Gefängnisstrafen) ist das Problem nicht dauerhaft gelöst, sondern wird eher noch vergrößert.
Beleg: Kontakte zum kriminellen Milieu erst im Gefängnis

A 2: Die Gesellschaft kann auch durch humanere Strafmaßnahmen geschützt werden.
Beleg: Therapieerfolge, Mehmets Hauptschulabschluss
Beispiel: Timo

A 3: Jugendlichen Straftätern wie Mehmet muss geholfen werden. Sie werden teilweise erst zu dem gemacht, was sie sind.

Gliederungsschema: ______________________________.

: 4 Nach welchem Gliederungsschema ist der Hauptteil dieses Schreibplans verfasst? Beurteile ihn anhand der folgenden Punkte:

- Berücksichtigung der wichtigen Aspekte des Problems
- Überzeugungskraft der Argumente und Belege
- Reihenfolge der Argumente
- Aussagekraft der Formulierungen

: 5 Ergänze und überarbeite den Schreibplan in deinem Heft.

Verschärfung des Jugendstrafrechts?

I. Schutz der Gesellschaft, Verhinderung weiterer Straftaten
   1) Pro: langfristige Entfernung des Täters aus der Öffentlichkeit als effektivster Schutz vor weiteren Straftaten.
   2) Kontra: Erzieherische Maßnahmen (Therapien) bieten den besten Schutz, indem sie Verhaltensänderungen bei den Tätern bewirken.

II. Die Perspektive des Täters
   1) Pro: ...
   2) Kontra: ...

III. Verantwortung der Gesellschaft
   ...

Gliederungsschema: ______________________________.

: 6 Welches Gliederungsschema wurde in diesem Hauptteil eines Schreibplans verwendet? Überprüfe den Schreibplan und ergänze Pro- und Kontra-Argumente zu den Aspekten II und III. Suche weitere Sachaspekte und Argumente und überarbeite den Schreibplan in deinem Heft. Achte darauf, dass die Aspekte deutlich voneinander unterschieden sind und dass du präzise Formulierungen verwendest.

: 7 Fertige einen kompletten eigenen Schreibplan zum Thema „Soll das Jugendstrafrecht in Deutschland verschärft werden?" an. Entscheide dich für ein Gliederungsschema für den Hauptteil und setze es um. Arbeite im Heft.

Eine Pro- und Kontra-Erörterung schreiben und überarbeiten

Beim Schreiben der Erörterung musst du darauf achten,
- **dass die Sprache eindeutig, klar und sachlich ist,**
- **dass die Formulierungen dem Gegenstand angemessen sind und die richtige Sprachebene treffen,**
- **dass die Gedankenführung (z. B. begründen, folgern, …) deutlich wird,**
- **dass die Argumente sprachlich geschickt verknüpft werden,**
- **dass die Formulierungen aussagekräftig sind (z. B. präzise, modale Mittel zur Differenzierung, …).**

Möglichkeiten für die Satzverknüpfung:

GRUND (KAUSAL)	BEDINGUNG (KONDITIONAL)	FOLGE (KONSEKUTIV)	EINRÄUMUNG (KONZESSIV)	GEGENSATZ (ADVERSATIV)	ZWECK (FINAL)	ZEIT (TEMPORAL)
weil, da, denn, deswegen	wenn, falls, sofern	also, sodass, dass, um … zu, als dass, folglich	obwohl, obgleich, wenn auch, wenngleich	aber, jedoch, andererseits, dagegen, hingegen	damit, dass, auf dass	nachdem, bevor

8 Schreibe eine Erörterung zum Thema „Soll das Jugendstrafrecht in Deutschland verschärft werden?" Achte auf einen möglichst engen gedanklichen und sprachlichen Zusammenhang deines Textes.

Immer wieder kommen im Fernsehen Berichte über jugendliche Straftäter. Vor allem der immer noch aktuelle Fall von „Mehmet" sorgt für Furore. Dies ist ein Jugendlicher, der schon im Alter von 11 bis 14 Jahren 60 Straftaten verübt hatte. Deshalb kommt nun auch immer häufiger die Frage auf, ob man das Jugendstrafrecht verschärfen sollte, um diese Taten einzudämmen. Im Folgenden werde ich mich mit den Vor- und Nachteilen einer solchen Verschärfung auseinandersetzen, wobei ich zuerst auf die Nachteile zu sprechen komme.

Eines der Argumente, das gegen die Verschärfung spricht, ist, dass Jugendliche in diesem Alter das Ausmaß ihrer Tat noch gar nicht einschätzen können. Ihre Entwicklung ist noch nicht so weit, dass sie schon die volle Verantwortung für ihr Tun übernehmen könnten. Warum ist man denn erst mit 18 Jahren volljährig? Dies deutet ja schon darauf hin, dass man bei Jugendlichen aus diesem Grund noch ein milderes Recht walten lassen sollte. Hinzu kommt, dass die Jugendlichen für ihre Straftaten bzw. für ihre Aggressionen nichts können. Denn meistens ist ihr Umfeld maßgeblich daran beteiligt, dass sie in die Kriminalität gedrängt werden. Wenn man sie dazu noch einsperren würde, würde man diese Aggressionen nur noch steigern. Wenn nun die Jugendlichen auch noch vorbestraft sind bzw. nach langen Jahren aus dem Gefängnis entlassen werden, haben sie keinerlei Zukunftschancen mehr. Denn da es ja ohnehin nur noch sehr wenige Ausbildungsplätze gibt und gerade straffällige Jugendliche daher nur sehr schwer einen bekommen, besteht für die meisten von ihnen wohl keine Möglichkeit auf ein halbwegs normales Leben mehr. Oftmals haben sie noch nicht einmal einen Schulabschluss. Aus diesen Gründen wäre eine Therapie um einiges besser als ein härteres Strafgesetz, denn dadurch erhöht sich die Chance, aus den Straftätern wieder „normale" Menschen zu machen.

Jedoch kann man ein mildes Jugendstrafrecht auch sehr kritisch bewerten und es lassen sich mühelos einige stichhaltige Gründe für eine Verschärfung finden.

Es ist doch ohne Zweifel so, dass Jugendliche in den vergangenen Jahren immer früher straffällig geworden sind. Laut einer Statistik hat sich die Anzahl der straffälligen Jugendlichen in den letzten zehn Jahren nämlich verdoppelt. Dies kommt wahrscheinlich auch daher, dass Kinder gezielt von Erwachsenen für Straftaten benutzt werden, weil sie noch nicht strafmündig sind. In den Medien ist immer wieder von solchen Fällen zu hören. Durch eine Verschärfung des Jugendstrafrechts könnte diese Entwicklung vielleicht wieder rückgängig gemacht werden. Viele Jugendliche sind sich der Milde des Jugendstrafrechts bewusst und nützen dies aus. Therapeutische Maßnahmen erreichen sie nicht. Wenn die Strafen härter wären, würde dies viele mögliche Täter abschrecken und sie würden es sich zweimal überlegen, *ob ihre Tat es wert ist, dafür jahrelang eingesperrt zu werden. Vielleicht wären sie ja dann bereit, die Chancen einer Therapie besser zu nutzen. Dies wäre ein großer Schritt in Richtung Kriminalitätsabbau. Auch wenn es gute Argumente gegen eine Verschärfung des Jugendstrafrechts gibt, bin ich trotzdem der Ansicht, dass es verschärft werden sollte. Denn die Kriminalität in unserer Gesellschaft nimmt immer mehr zu und es sind dringend härtere Gesetze nötig, die dies einschränken. Außerdem wissen die meisten Jugendlichen sehr wohl, was sie tun und welche Konsequenzen ihre Taten haben. Andere mögen sicherlich anderer Auffassung sein und daher, denke ich, wird man über dieses Thema weiterhin ausführlich diskutieren müssen.*

9 Was ist dein erster Eindruck von diesem Schülertext? Was überzeugt dich, was könnte verbessert werden?

10 Beschreibe kurz, wie die Einleitung gestaltet ist. Erfüllt sie ihre Funktion? Wie hängt die Einleitung mit dem Thema zusammen? Wie wird das Interesse geweckt (z. B. aktuelles Ereignis, eigene Erfahrung, ...)? Überlege dir weitere Einleitungsmöglichkeiten.

---

11 Untersuche den Aufbau der Argumentation im Hauptteil. Fertige den Schreibplan an, der dem Aufsatz zugrunde gelegen haben könnte. Arbeite im Heft.

12 Analysiere die gedanklichen Schritte, mit denen die Argumente entfaltet werden: Behauptung, Begründung, Stützen durch Belege, Beispiele. Beurteile die Überzeugungskraft der Argumente.

! 13 Markiere im Text Schlüsselwörter, die den gedanklichen Zusammenhang des Textes zeigen. Kennzeichne mit einer anderen Farbe sprachliche Mittel, die für den logischen Zusammenhang des Textes wichtig sind (z. B. Verknüpfungs- und Begründungswörter). Übernimm die Tabelle in dein Heft und ergänze sie mit weiteren Wörtern und Wendungen.

ERGÄNZEN	ENTGEGENSETZEN	BEKRÄFTIGEN	DIFFERENZIEREN	FOLGERN	EINSCHRÄNKEN
hinzu kommt,	dennoch,	es ist doch ohne Zweifel so,	genauer gesagt,	denn, aus diesen Gründen,	man muss aber zugeben, dass

14 „Es ist doch ohne Zweifel so, dass Jugendliche in den vergangenen Jahren immer früher straffällig geworden *sind.*" Erkläre, wie sich die Aussage des Satzes verändert, wenn du die unterstrichene Wendung durch folgende Modaladverbien und Wendungen ersetzt: *sicherlich, womöglich, auf jeden Fall, gewiss.* Suche weitere Ausdrucksmittel der Modalität zur Feinabstimmung einer Aussage. Arbeite im Heft.

! 15 Schreibe die Zeilen 12 bis 18 des Schüleraufsatzes durch den Einsatz von Modalwörtern und Wendungen so um, dass er noch sicherer bzw. vorsichtiger in der Aussage wird. Arbeite im Heft.

16 Beurteile den Schluss. Wird der eigene Standpunkt deutlich? Wie wird er begründet? Welche Möglichkeit, das Thema abzuschließen, wird gewählt (z. B. Ausblick auf die Zukunft, Forderung, Appell, Folgerung, ...)? Suche andere Schlussideen und formuliere sie aus. Arbeite im Heft.

17 Überarbeite deine eigene Erörterung. Achte vor allem auf die Argumentationslogik und die sprachliche Gestaltung.

Die dialektische Erörterung

Eine Sonderform der Pro-und-Kontra-Erörterung ist die dialektische Erörterung. Während am Ende der Pro-und-Kontra-Erörterung die Abwägung und Entscheidung für eine Seite steht, wird bei dieser Form eine eigene neue Position gefunden. Zunächst werden die Hauptargumente von These und Antithese knapp aufgegriffen, verglichen und hinsichtlich ihrer Bedeutung gegeneinander abgewogen. Auf dieser Basis wird die eigene, sachlich begründete Position entfaltet. In der Regel wird weder die These noch die Gegenthese vertreten; vielmehr ergibt sich aus einer differenzierten Abwägung und Gewichtung eine neue Position (Synthese), die z. B. wichtige Gegenargumente berücksichtigt.

1 Braucht unsere Gesellschaft eine halbe Million Krippenplätze? Kläre und begründe, welche Form der Erörterung eine solche Aufgabenstellung verlangt.

---

2 Erschließe das Thema und notiere wichtige Aspekte. Arbeite im Heft.

Claudia Voigt: Fürsorglichkeit kann auch männlich sein (2007)

Interview mit Hans Bertram, Soziologe und Berater von Familienministerin Ursula von der Leyen

SPIEGEL: Warum halten Sie das Vorhaben Ursula von der Leyens [im Februar 2007] für vernünftig, 500 000 zusätzliche Krippenplätze zu schaffen?

BERTRAM: Wahlfreiheit zwischen verschiedenen Optionen für junge Eltern kann erst dann entstehen, wenn tatsächlich auch Betreuungsangebote vorhanden sind. In anderen Ländern gibt es viel mehr Krippenplätze als in Deutschland, sei es nun in Frankreich oder Schweden, die Quote der betreuten Kinder liegt dort zwischen 30 und 40 Prozent. Erst dann haben die Eltern die Möglichkeit, sich wirklich dafür zu entscheiden, was sie für richtig halten. Gegenwärtig sind sie darauf angewiesen, dass vielleicht die eigenen Großeltern oder wer auch immer ihnen hilft, die Kinder zu betreuen. […]

SPIEGEL: Im Gespräch ist ja vor allem die Frage, wie gut Krippenbetreuung für Kinder ist.

BERTRAM: Man kann grundsätzlich sagen, dass die Krippenbetreuung einen sehr positiven Effekt hat, wenn zu den Eltern, also nicht nur zwischen den Müttern und ihren Kindern, sondern auch zwischen Vätern und Kindern, tiefe und gute Bindungen bestehen. Wenn es zu Hause möglicherweise vielerlei Probleme gibt, hat die Betreuung immer noch einen positiven Effekt, solange sie qualitativ gut ist. Schwierig wird es, wenn weder zu den Eltern noch in der Krippe positive Bindungen aufgebaut werden. Man hört ja immer wieder das Argument, die Bindung zwischen Eltern und Kindern könnte sich nur entwickeln, wenn sich die Kinder zunächst nur mit ihren Eltern auseinandersetzen. Da muss man ganz klar sagen, dass das deutsche Modell seit der Einführung des Elterngelds die Möglichkeit bietet, 14 Monate lang mit dem Kind zu Hause zu bleiben. Das ist im Verhältnis zu vielen anderen Ländern eine sehr lange Zeit. Und interessanterweise gleichen sich die Zeiträume, die Mütter am Tag mit ihren Kindern verbringen, egal ob die Mütter berufstätig sind oder den ganzen Tag zu Hause bei ihrem Kind bleiben. Sie liegen irgendwo zwischen zwei und drei Stunden pro Tag. Berufstätige Eltern reduzieren in der Regel ihre persönliche Zeit, aber nicht die mit ihren Kindern.

SPIEGEL: Warum hält sich in Deutschland so hartnäckig das Modell der Hausfrauen-Ehe, obwohl es nur noch zehn Prozent der Bevölkerung für das beste halten, wie eine aktuelle Umfrage des SPIEGEL zeigt?

BERTRAM: Das Modell der bürgerlichen Familie ist im 19. Jahrhundert entwickelt worden, damals entdeckte man die Frau als Erzieherin. Vorher waren es in der Regel die Männer, die die Kinder erzogen haben. Man braucht sich nur Texte von Charles Dickens anzugucken, der ja ein sehr guter Journalist war. Erst danach sind die Frauen als Erzieherinnen ins Spiel gekommen. Das war das Ergebnis industrieller Arbeitsteilung, wie sie sich in der zweiten Hälfte des 19. Jahrhunderts entwickelt hat. […] Dieses Modell ist seit den Sechzigerjahren des 20. Jahrhunderts im Rückgang begriffen. Nicht, weil die Menschen das Modell nicht mehr wollen, sondern weil die ökonomische Basis sich verändert hat. Die lebenslange Erwerbstätigkeit des Mannes und der alleinige Familienlohn des Mannes sind zunehmend obsolet geworden. Parallel hat sich eine Dienstleistungsgesellschaft entwickelt, die – um das ganz platt auszudrücken – auf das Potential der Frauen angewiesen ist. Der gesamte Pflegebereich, die sozialen Dienstleistungen, die Expansionen des Bildungswesens waren ja überhaupt nur möglich, weil junge, gut ausgebildete Frauen bereit waren, in diese Berufe hineinzugehen. Der gesamte ökonomische Fortschritt der letzen 30 Jahre hängt an der zunehmenden Integration der Frauen in das Erwerbsleben. Insofern haben wir nur eine Möglichkeit, das alte Modell zu retten, wenn wir alle wieder zurück in die Industriegesellschaft gingen, aber das ist natürlich völlig absurd. Also muss man sich jetzt neue Modelle ausdenken, in denen Mann und Frau für die Fürsorge der Kinder und für die ökonomische Basis des Lebens gleichermaßen zuständig sind.

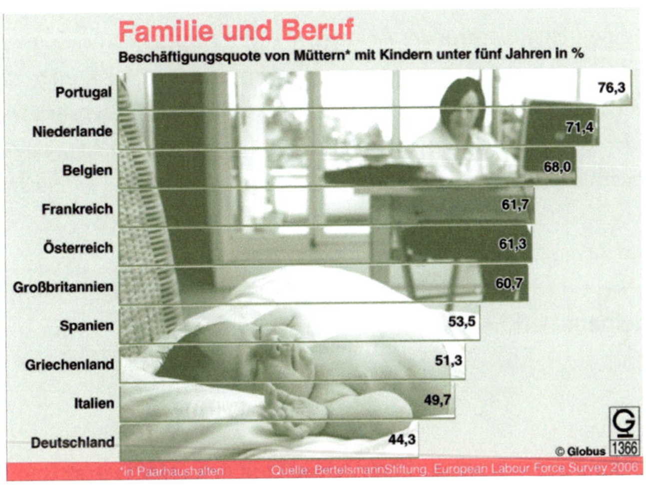

3 Verschaffe dir auf Grundlage der Texte und Schaubilder einen Überblick über das Erörterungsthema. Halte die für das Thema relevanten Ergebnisse fest. Ordne die Informationen der Pro- bzw. Kontra-Position zu. Ergänze deine Übersicht um Aspekte aus deinem persönlichen Erfahrungsbereich. Arbeite im Heft.

! 4 Recherchiere nach weiterem Material und erstelle eine Stoffsammlung (siehe Seite 35). Arbeite im Heft

I. Die Einrichtung von 500 000 weiteren Krippenplätzen ist sinnvoll.
   1. Förderung der Kinder schon im frühen Alter
      a. Erreichen einer echten Chancengleichheit
      b. Möglichkeiten zur Knüpfung (neuer) sozialer Kontakte
   2. Erhöhung der Zahl der Geburten
   3. Bessere Berufsmöglichkeiten für Mütter
II. von der Leyens Pläne erscheinen wenig überzeugend.
   1. Unklare Finanzierung der benötigten zusätzlichen drei Mrd. Euro
   2. (Berufliche) Selbstverwirklichung der Eltern auf Kosten der Kinder
   3. Mangelnde Akzeptanz der Krippe im westlichen Deutschland
   4. Abwertung der zu Hause erziehenden Mutter
III. Vorschlag: ausreichende staatliche Finanzierung zur Ermöglichung von Elternzeit für Mutter und Vater bei gleichzeitigem bedarfsgerechtem Ausbau der Krippenplätze

5 Untersuche und beurteile die Gliederung des Hauptteils (Seite 49 unten). Achte auf das Aufbauschema, die Reihenfolge der Argumente und die Formulierung der Gliederungspunkte.

! 6 Überarbeite den Schreibplan (Seite 49 unten): Probiere alternative Aufbaumuster aus. Ergänze Aspekte und Argumente, die du für überzeugend hältst. Baue Entkräftungen von Gegenargumenten ein. Formuliere die Gliederungspunkte trennscharf, präzise und aussagekräftig. Arbeite im Heft.

Familienpolitik ist seit einiger Zeit ein brisantes Thema, das im Bundestag und in den Medien heftig diskutiert wurde. Es herrscht Konsens, dass etwas geändert werden muss, da die Geburtenrate in Deutschland immer weiter abnimmt. Die Familienministerin Ursula von der Leyen forderte eine drastische Erhöhung der Krippenplätze, um dadurch berufstätigen Paaren die Entscheidung für Kinder zu erleichtern. Sie löste damit eine Kritik aus, in der ihr z. B. von dem Augsburger Bischof Mixa vorgeworfen wurde, ihre Familienpolitik sei „kinderfeindlich und ideologisch verblendet". Ist die Erhöhung der Zahl der Krippenplätze die richtige Antwort auf die Probleme, die sich in der sinkenden Geburtenrate zeigen?

7 Prüfe und überarbeite diese Einleitung in deinem Heft.

Zusammenfassend lässt sich sagen, dass Kinderkrippen viele Vorteile für Kind und Eltern aufweisen. Zu nennen wären etwa die Förderungsmöglichkeiten, die sich gerade für Kinder aus sozial schwächeren Familien oder aus Familien mit Migrationshintergrund ergeben, und die besseren Berufs- und Karrierechancen für Mütter. Zudem sind viele Eltern auf zwei Gehälter angewiesen und können sich einen längeren Erziehungsurlaub finanziell nicht leisten; dies gilt vor allem auch für Alleinerziehende. Statistische Erhebungen aber zeigen, dass viel häufiger ökonomische Überlegungen als die oftmals von konservativen Kreisen beschworene „egoistische Selbstverwirklichung" moderner Frauen den Ausschlag für die Entscheidung geben, bereits sehr kleine Kinder in Krippen unterzubringen, zumal viele Eltern, vor allem in Westdeutschland, eine zu frühe außerhäusliche Betreuung der Kinder für eher entwicklungshemmend halten. Vor diesem Hintergrund erscheint Frau von der Leyens Plan etwas einseitig; zwar sollten gerade Kinder aus problematischen Familien von Anfang an alle Möglichkeiten der Förderung erhalten, z. B. in Krippen; insofern ist ein bedarfsgerechter Ausbau sinnvoll. Zentraler erscheint es für unsere moderne Gesellschaft aber, dass Eltern, vor allem auch Väter, die Möglichkeit haben, sich für mindestens drei Jahre voll und ganz ihrem Nachwuchs zu widmen. Die Kosten für die zusätzlichen Krippenplätze sollten daher zum Teil lieber in eine staatliche Finanzierung von Elternzeit gesteckt werden. Das 2006 eingeführte Elterngeld ist ein erster Schritt in die richtige Richtung.

8 Untersuche diese Synthese mithilfe von Markierungen und Randnotizen. Achte auf die Gedankenführung und die Position, die abschließend vertreten wird.

! 9 Verfasse auf der Grundlage deiner Stoffsammlung und des überarbeiteten Schreibplans eine eigene Synthese. Arbeite im Heft.

2.4 Schriftlich Stellung nehmen

Mit einer **schriftlichen Stellungnahme** kannst du deine Meinung zu einer strittigen Frage äußern, Position beziehen oder Interessen vertreten. Sie ist eine Form der **freien Erörterung.**
Dabei musst du beachten,
- welche Textsorte du wählst (z.B. Brief, Leserbrief, Beitrag für eine Zeitung, ...),
- wer der Adressat ist (z.B. Direktor, Zeitungsleser, ...),
- wo die Stellungnahme veröffentlicht wird (z.B. Schülerzeitung, Lokalzeitung, ...),
- was du erreichen willst (z.B. Diskussionsbeitrag, Entscheidung, ...).

Überzeugend wirkt eine Stellungnahme vor allem durch die **Qualität der Argumente**, die **Argumentationslogik** und die **sprachliche Gestaltung** (z.B. angemessener Stil, logische Verknüpfung der Argumente).

Die Schulkonferenz hat beschlossen, aufgrund der Arbeitsbelastung der Lehrer keine Skifahrten mehr durchzuführen. Du willst in einem Brief den Direktor davon überzeugen, wie wichtig die Fahrt wäre.

1 Sammle in einer Tabelle Argumente, mit denen du den Direktor überzeugen kannst und überlege dir dazu Belege und Beispiele.

ARGUMENT	BELEGE UND BEISPIELE
fördert die Klassengemeinschaft	• *Man lernt andere Seiten der Mitschüler kennen und schätzen, wenn man außerhalb des Unterrichts zusammen ist.* • *Unsere Vorgängerklasse hatte nach der Fahrt im letzten Jahr einen viel besseren Zusammenhalt. Das bestätigen auch die Lehrer.*

2 Überlege, was der Direktor gegen deine Argumente vorbringen könnte. Suche Gegenargumente und entkräfte sie. Arbeite im Heft.

ARGUMENT	MÖGLICHE GEGENARGUMENTE	ENTKRÄFTUNG
zur Not kürzer fahren	• *Dann reicht die Zeit nicht dafür, dass alle Skifahren lernen.* • *Dann lohnt sich doch eine solche Fahrt gar nicht mehr.*	• *Aber alle würden einmal mit diesem Sport bekannt gemacht werden.*

Argumentiere nicht mit nebensächlichen Aspekten.

Keine Einzelfälle verallgemeinern.

Berufe dich nicht auf Traditionen und Gewohnheiten.

Unlogische Argumente schaden.

Argumentiere nicht emotional (z.B. Spaß).

Baue dein Argument nicht auf Werte, die für den Gesprächspartner nicht wichtig sind.

3 Beurteile mithilfe der Hinweise in den Kästen die Qualität deiner Argumente. Bringe deine Argumente durch Nummerieren in eine sinnvolle Reihenfolge.

4 Schreibe einen Brief an den Direktor, in dem du zu der geplanten Abschaffung von Skifahrten Stellung nimmst. Baue deinen Brief ähnlich der linearen Erörterung (Seite 36) auf. Achte auf die äußere Form, den Adressatenbezug und die sprachliche Verknüpfung deiner Argumente.

Wir teilen die Ansicht voll und ganz. Zusätzlich müssen wir ... Zwar können wir verstehen, dass Sie ... Dennoch müssen wir entgegenhalten, dass ... Bei allem Respekt für ... müssen wir ... Ein Beispiel dafür ist ... Daran wird deutlich ...

5 Überarbeite deinen Brief. Überprüfe vor allem die sprachlichen Verknüpfungen. Suche weitere Möglichkeiten und ergänze sie.

Gestaltung eines offiziellen Schreibens mit Bausteinen

A | B
C
D
E
F: Briefanfang, Hauptteil, Schluss
G
H
I
K

A Absenderangaben
B Datum
C Empfängerdaten
D Betreff
E Anrede
F Text
G Gruß
H Unterschrift
I Anlagevermerk
K Postskriptum

6 Schreibe einen Beitrag zum gleichen Thema (Abschaffung von Skifahrten) für die Schülerzeitung. Arbeite im Heft.

7 Vergleiche den Brief an den Direktor und den Beitrag für die Schülerzeitung. Notiere Unterschiede in Stichworten.

Manchmal fühlt man sich durch einen **Zeitungsartikel** herausgefordert, Stellung zu nehmen. Da du nicht direkt mündlich antworten kannst, hast du die Möglichkeit, einen **Leserbrief** zu schreiben, in dem du zu dem Thema des Artikels argumentierst. Dabei solltest du folgendes beachten:

- Gib den Artikel an, auf den du dich beziehst.
- Schreibe kurz und sachlich.
- Bedenke, dass die Zeitung die presserechtliche Verantwortung für deinen Brief trägt, d. h. schreibe nichts, was gegen das Gesetz verstößt (z. B. darfst du keinen Bekannten namentlich erwähnen).
- Vergiss auf keinen Fall deinen Namen und deine Adresse. Anonyme Briefe veröffentlichen seriöse Zeitung grundsätzlich nicht.

Alkoholverbot für Fahranfänger?

Bundesrat ergreift Gesetzesinitiative

Fahranfänger im Alter bis zu 24 Jahren müssen sich auf eine Null-Promille-Grenze einstellen. Der Bundesrat forderte am Freitag die Bundesregierung auf, ein Gesetz auf den Weg zu bringen, das die 0,5-Promille-Grenze für junge Autofahrer während der zweijährigen Probezeit außer Kraft setzt.

Zu dieser Meldung wurde folgender Leserbrief verfasst:

Führerschein weg – für immer!

Heutzutage dürfen unsere Jugendlichen schon mit 17 Jahren am Steuer sitzen, obwohl ihnen dazu jede Fahrpraxis und jegliches Verantwortungsbewusstsein fehlt. Dazu sind sie oft noch alkoholisiert. Wer's nicht glaubt, wage sich einmal an einem Freitag- oder Samstagabend spät auf die Straße – da kann er sein blaues Wunder erleben! Gott sei Dank wird jetzt die Promillegrenze auf Null gesetzt. Und wer dann noch alkoholisiert am Steuer erwischt wird: Führerschein weg, und zwar für immer!

Egon Schneider

8 Notiere in Stichworten am Rand deinen ersten Eindruck von diesem Leserbrief.

9 Untersuche den Leserbrief genauer. Beantworte dazu folgende Fragen: Welche Meinung vertritt der Schreiber? Wie begründet er seine Meinung? Wirkt der Leserbrief überzeugend?

____

____

____

! 10 Verfasse selbst einen Leserbrief als Antwort auf den Brief von Herrn Schneider. Überlege, ob du linear oder kontrovers vorgehen willst. Arbeite im Heft.

3 Die textgebundene Erörterung

Bei einer **textgebundenen Erörterung** dient ein Text mit meist strittigen Thesen als Ausgangspunkt und Grundlage für eine argumentative Auseinandersetzung. Im Gegensatz zur freien Erörterung werden keine eigenen Argumente gegeneinander abgewogen, sondern du reagierst auf die Argumente im Text mit eigenen Argumenten.
Bei der textgebundenen Erörterung musst du zwei wesentliche Beiträge leisten: den **Text in seiner Argumentationsstruktur analysieren** und das **Problem/die strittige These erörtern.**
In folgenden **Arbeitsschritten** kannst du vorgehen:

1. Die Argumentation des Textes analysieren
2. Einen Schreibplan erstellen
3. Die Erörterung schreiben und überarbeiten

Die Argumentation des Textes analysieren

ANALYSEKRITERIEN FÜR ARGUMENTATIVE TEXTE

- Inhalt/zentrale Textaussagen
- Argumentationsgang/-aufbau: These, Argument, Beispiel/Beleg
- Aussageabsicht (Intention)
- sprachliche Auffälligkeiten
- Arten von Argumenten

EINLEITUNG

Nur Deutsch auf dem Schulhof – Mehrsprachigkeit ist ein kostbares Gut!

Der Schulhofstreit fing harmlos an. In einer Berliner Schule haben Eltern, Schüler und Lehrer sich darauf geeinigt, dass auf dem Schulhof möglichst Deutsch gesprochen werden soll. Strafen waren nicht vorgesehen. […] Dann allerdings haben Politiker sich eingemischt und eine strafbewehrte Regelung für alle Schulhöfe gefordert. „Hier spricht man Deutsch“ wäre eine Übersetzung, die fatale Assoziationen weckt, und es gab Widerspruch, der allerdings kaum gut begründet auftrat.

Nun dient der Schulhof nicht nur der Pause im anstrengenden Alltag der Institution. Er bietet die Möglichkeit unkontrollierter Gespräche mit Gleichaltrigen über Probleme jeder Art, auch über schulische Themen. Wenn die Sprachmittel fehlen, ein Sprachwechsel zur Erstsprache nicht stattfinden darf, wird die Kommunikation ärmlich und uninteressant.

Aber es soll doch unter allen Umständen Deutsch gelernt werden? Natürlich, darum geht es gerade. Viele wissenschaftliche Untersuchungen belegen allerdings, dass die Zweitsprache auf der Basis einer entwickelten Muttersprache am besten gelernt wird und ein zu früher Entwicklungsstopp schädlich sein kann.

In der Muttersprache bildet sich die elementare Begrifflichkeit aus,

Darstellung der strittigen Frage

Entwicklung: Politiker fordern bei Nichteinhaltung Strafe

erinnert an Vorschriften der NS-Zeit

Kritik des Autors: bisher keine guten Argumente gegen Regelung gefunden über sie erfolgt der erste Zugang zur Welt, an ihr entsteht das Sprachwissen, auf dem weitere Sprachen aufbauen. Wird die Entwicklung der Muttersprache zu früh beeinträchtigt, ist auch die Ausbildung der Zweitsprache oder weiterer Sprachen wie Englisch gefährdet.

[…] Wer nicht gut Deutsch kann, wird durch gebrochenes Deutsch auf dem Schulhof oder im Elternhaus nicht gefördert, sondern lernt Deutsch mit Akzent.

Wissenschaftlich wurde auch gezeigt, dass Unterrichtstexte viel besser verstanden werden, wenn sie in einem ersten Durchgang in der Muttersprache präsentiert werden und so das begriffliche Verständnis abgesichert wird. […] In der Schule sollten, solange sich dies nicht ändert, Räume für die Muttersprache geöffnet bleiben. Es kann sogar den Unterricht fördern, wenn im begrenzten Rahmen einer Arbeitsgruppe eine andere Sprache genutzt werden kann, um sich über schwierige Inhalte zu verständigen. […]

Es ergibt also genauso wenig Sinn, Deutsch auf dem Schulhof durchzusetzen, wie den Sprachwechsel von Jugendlichen in der Straßenbahn sanktionieren zu wollen. Es sei denn, diese Jugendlichen können schon sehr gut Deutsch und die Pause soll als Ausdehnung des Unterrichts für eine Optimierung eingesetzt werden. Die Wahl der für die Verständigung geeigneten Mittel bestimmen Situation und Partner. Ist die einzige Verständigungssprache Deutsch – bei mehreren Erstsprachen –, wird natürlich Deutsch gesprochen. […]

Mehrsprachigkeit ist ein kostbares Gut und jeder Förderung würdig. Damit würde ein wichtiger Beitrag zur Integration und gegen Parallelgesellschaften geleistet. Die relevanten Diskussionen über Ehre, Zwangsehe, Rolle von Frauen und Männern, Kopftuch, Fundamentalismus könnten von Jugendlichen in der Muttersprache geführt und weitergetragen werden.

Prof. Dr. Ludwig Hoffmann, 31.01.2006/www.innovations-report.de

: 1 Erschließe den Inhalt des Textes und die Absicht des Autors. Setze dazu die Markierungen, die Unterteilung in Abschnitte und die Randnotizen fort.

- *Wissenschaftler stellt in diesem Kommentar einleitend Diskussion an deutschen Schulen dar, ob auch auf dem Schulhof ausschließlich Deutsch gesprochen werden soll*
- *Verschärfung der Diskussion durch Forderung der Politiker nach Bestrafung, falls nicht Deutsch gesprochen werde*
- *bisher wenig gute Argumente gegen Regelung gefunden worden*
- *Autor listet nun Argumente …*
- …
- *Intention: Autor verwendet ausschließlich Argumente gegen die Regelung. Er möchte den Leser davon überzeugen, dass…*

: 2 Vervollständige in deinem Heft den Notizzettel zu den zentralen Aussagen und der Absicht (Intention) des Autors.

„Wissenschaftlich wurde auch gezeigt, dass Unterrichtstexte viel besser verstanden werden, wenn sie in einem ersten Durchgang in der Muttersprache präsentiert werden und so das begriffliche Verständnis abgesichert wird." (Z. 28 ff.)

„Die Wahl der für die Verständigung geeigneten Mittel bestimmen Situation und Partner. Ist die einzige Verständigungssprache Deutsch – bei mehreren Erstsprachen –, wird natürlich Deutsch gesprochen." (Z. 40 ff.)

„Mehrsprachigkeit ist ein kostbares Gut und jeder Förderung würdig." (Z. 44)

: 3 Bestimme mithilfe der Übersicht auf Seite 10, um welche Arten von Argumenten es sich handelt.

- *Wissenschaftler setzt zu Beginn Faktenargument ein, indem er die unstrittige Tatsachenaussage anführt, dass Schüler auf Schulhof „Probleme jeder Art" (Z. 11) in der Muttersprache besprechen.*
- *Es werden viele Autoritätsargumente verwendet, um Kontraposition zu stützen; Berufung auf empirische Untersuchungen wie z. B.: „Viele wissenschaftliche Untersuchungen belegen ..." (Z. 16 f.)*

: 4 Führe die Analyse der Argumente in deinem Heft fort. Achte darauf, wie der Autor seine Argumente anordnet. Werden diese mit zunehmender Gewichtung angeführt?

Bei der Untersuchung der sprachlichen Auffälligkeiten kommt es nicht darauf an, lückenlos alles zu erfassen, sondern Wesentliches in seiner Funktion zu beschreiben. Achte auf folgende Punkte:

- Ist der Text sachlich formuliert oder will er die Gefühle des Lesers ansprechen? Warum?
- Ist die Sprache und der Satzbau leicht oder schwer verständlich (z. B. Verwendung von Fachwörtern)?
- Gibt es ironische Abschnitte? Werden Stilmittel eingesetzt? Warum?

Sprachliche Auffälligkeiten

Wortwahl:

- *Verwendung von wissenschaftlichen Fachbegriffen wie „Erstsprache" (Z. 12), „Zweitsprache" (Z. 17), „Muttersprache" (Z. 18), „Kommunikation" (Z. 13); Funktion/Wirkung: stützt wissenschaftliche Argumentation; sachlich, nüchterne Darstellung*

Rhetorische Figuren:

- *Metaphern: „Räume für Muttersprache öffnen" (Z. 32); „erster Zugang zur Welt" (Z. 21); Funktion/Wirkung:*

Satzbau:

- *Konjunktionalsätze, die Bedingungen des Spracherwerbs aufzeigen; „Wenn die Sprachmittel fehlen ..." (Z. 12); Funktion/Wirkung:*

! : 5 Untersuche die sprachlichen Auffälligkeiten des Textes auf Seite 54 f. und ergänze den Notizzettel. Benenne immer auch die Funktion/Wirkung des sprachlichen Mittels.

Einen Schreibplan anfertigen

Auch die textgebundene Erörterung besteht aus Einleitung, Hauptteil und Schluss:

EINLEITUNG	HAUPTTEIL	SCHLUSSTEIL
• enthält Angaben zu: Autor, Titel, Textart, Quelle, Erscheinungsjahr • gibt das Thema an; führt die Leser zum erörternden Problem hin • stellt kurz die Position des Autors dar	1. beinhaltet wesentliche Aussagen des Textes 2. stellt wichtige Analyseergebnisse dar: • Arten von Argumenten • Argumentationsstruktur • sprachliche Gestaltungsmittel • Wirkungsabsicht/Intention 3. enthält eine kritische Auseinandersetzung mit • den im Text genannten Argumenten • der Art und Weise der Argumentation • der Intention des Autors 4. beinhaltet eine Darstellung eigener Argumente, Beispiele und Belege	• fasst die eigene Position in Form einer kritischen Stellungnahme zusammen • bietet Lösungsansätze an

Stelle im Hauptteil nicht nur deine Analyseergebnisse dar, sondern belege sie am Text (Zeilenangabe) und mache deutlich, welche Funktion sie erfüllen.
Deine Reaktion auf den Text mithilfe eigener Argumente kannst du nach dem Ping-Pong-Schema oder dem Sanduhrschema (Seite 44) aufbauen. Du kannst Argumenten aus dem Text teilweise oder völlig zustimmen, völlig widersprechen oder dem Argument zwar zustimmen, aber es ergänzen.

Hoffmann beruft sich auf empirische Untersuchungen, die belegen, dass eine solche Sprachregelung nicht sinnvoll sei, da eine „Zweitsprache auf der Basis einer entwickelten Muttersprache am besten gelernt wird". (Z. 17 f.)

____

Wie bereits aus meiner Ausführung ersichtlich geworden sein dürfte, teile ich die Position des Autors L. Hoffmann zum Thema „Nur Deutsch auf dem Schulhof" nur teilweise. Ich bin der Meinung, dass …

____

Der Autor Prof. Dr. Ludwig Hoffmann geht in seinem Kommentar „Nur Deutsch auf dem Schulhof – Mehrsprachigkeit ist ein kostbares Gut!", der im Internet auf der Seite www.innovations-report.de am 31.01.2006 veröffentlicht wurde, auf die umstrittene Verordnung an einigen Berliner Schulen ein, auch in den Pausen ausschließlich Deutsch zu sprechen. Er veranschaulicht seine Position hierzu, indem er…

____

Ein weiteres, nicht im Text genanntes Argument für eine solche Schulverordnung ist, dass sich deutsche Schüler nicht von ausländischen Mitschülern ausgegrenzt fühlen, wenn sich diese in den Pausen untereinander in ihrer Muttersprache unterhalten.

____

6 Ordne die Ausschnitte aus einer textgebundenen Erörterung den einzelnen Teilbereichen zu.

! 7 Erstelle einen eigenen Schreibplan für eine textgebundene Erörterung. Arbeite im Heft.

Eine textgebundene Erörterung schreiben und überarbeiten

Formulierungen, um einen Text wiederzugeben oder darüber zu berichten:
Der Autor/die Autorin erklärt, betont, hebt hervor, stellt dar, behauptet, schildert, beschreibt, lässt einfließen, räumt ein, gibt zu verstehen, fordert auf, fügt hinzu,

Formulierungen, um den eigenen Standpunkt zur Autorenposition zu veranschaulichen:

- als Widerspruch:
  Im Gegensatz zum Autor bin ich der Ansicht, dass …
  Anders verhält es sich bei …
  Demgegenüber ist zu bedenken …
  Trotz all dieser Gründe darf nicht übersehen werden …

- als Zustimmung:
  Ich teile die Auffassung des Autors, denn …
  Die Argumentation der Verfasserin halte ich für richtig, da …
  Dem kann ich nur zustimmen, weil …

- als Einschränkung:
  Der Auffassung kann ich nur zum Teil zustimmen, da …
  Zum einen befürworte ich die Position …, zum anderen ist aber zu bedenken, dass …

8 Überlege dir weitere Formulierungshilfen und ergänze die Liste.

! 9 Schreibe nun auf der Grundlage deines Schreibplans eine textgebundene Erörterung zum Text „Nur Deutsch auf dem Schulhof – Mehrsprachigkeit ist ein kostbares Gut!“ des Autors L. Hoffmann. Achte darauf, dass du unpersönlich formulierst und das Pronomen „ich“ vermeidest. Arbeite im Heft.

10 Prüfe und überarbeite deine Erörterung. Überprüfe, ob

- du im Präsens geschrieben hast,
- du korrekt aus dem Text zitiert hast,
- du klar zwischen sachlicher Wiedergabe und persönlicher Wertung unterschieden hast,
- du deine Argumente inhaltlich und sprachlich logisch verknüpft hast.,
- du das Pronomen „ich“ soweit wie möglich vermieden hast,
- du die korrekte Rechtschreibung und Grammatik verwendet hast.

4 Prüfe dich selbst

Kann ich die wesentlichen Merkmale von freien und textgebundenen Erörterungen nennen?

1 Welche Aussagen über freie und textgebundene Erörterungen treffen zu? Kreuze die richtigen Antworten an.

		richtig	falsch
a)	Bei einer textgebundenen Erörterung geht es zunächst darum, dass man den Standpunkt des Verfassers und seine Argumentationsweise analysiert.	☐	☐
b)	In einer textgebundenen Erörterung muss man sich gegen die Meinung des Verfassers des Ausgangstextes stellen und seine Argumentationsweise so gut wie möglich widerlegen.	☐	☐
c)	Einer freien Erörterung liegt stets ein Ausgangstext zugrunde; sie heißt „frei", weil es einem freisteht, sich der Meinung des Verfassers anzuschließen oder sie argumentativ zu widerlegen.	☐	☐
d)	Bei einer freien Erörterung unterscheidet man zwischen der linearen und der Pro- und Kontra- Erörterung.	☐	☐
e)	Der linearen Erörterung liegt in der Regel eine strittige Frage zugrunde, die man durch Abwägen der verschiedenen Pro-und Kontra-Argumente diskutiert und schließlich entscheidet.	☐	☐
f)	Sowohl bei der linearen als auch bei der Pro- und Kontra- Erörterung geht es darum, dass man ein Problem erfasst, es in seine einzelnen Aspekte zerlegt und mithilfe einer eigenen Argumentation klärt.	☐	☐

2 Entscheide, ob die aufgeführten Themen linear oder kontrovers erörtert werden müssen. Kreuze die zur Fragestellung passende Erörterungsform an.

	Thema	lineare Erörterung	Pro- und Kontra-Erörterung
a)	Was macht einen guten Lehrer aus?	☐	☐
b)	Soll die Haltung von Kampfhunden verboten werden?	☐	☐
c)	Muss es Computerunterricht schon im Kindergarten geben?	☐	☐
d)	Welche Bedeutung hat die Schulbildung heute?	☐	☐
e)	Ist die Einführung des allgemeinen Wahlrechtes für 16-Jährige sinnvoll?	☐	☐
f)	Sollte der Verkauf von genetisch veränderten Nahrungsmitteln in Europa verboten werden?	☐	☐

Kann ich beschreiben, wie ich vorgehe, wenn ich eine lineare Erörterung verfassen soll?

3 Nenne Arbeitsschritte, die nötig sind, um eine lineare Erörterung zu verfassen. Arbeite im Heft.

4 Erkläre kurz, was du beim Schreiben der einzelnen Teile einer linearen Erörterung beachten musst.

____

____

Kann ich in einem Leserbrief zu einem Zeitungsartikel Stellung nehmen?

5 Untersuche den Zeitungsartikel: Unterstreiche die Argumente des Justizbeamten mit einer Farbe und die Argumente, mit welchen das Gericht seine Entscheidung begründet, mit einer anderen Farbe.

6 Sammle weitere Argumente, mit denen beide Parteien ihre Position begründen könnten. Arbeite im Heft.

7 Nimm in einem Leserbrief zu der Entscheidung des Gerichts Stellung. Argumentiere dabei linear. Du kannst so vorgehen:
- Entscheide, welche Position du vertreten willst.
- Notiere alle Argumente, mit denen du deine Position begründen möchtest.
- Überlege, wie du bereits mögliche Einwände entkräften kannst.
- Fertige einen Schreibplan an.
- Verfasse deinen Leserbrief.
- Prüfe und überarbeite ihn.

Achtung: alte Rechtschreibung

Justizvollzugsanstalt: Strafanstalt, Gefängnis

Verwaltungsgericht: Gericht, das bei Streitigkeiten im öffentlichrechtlichen Bereich entscheidet, z. B. bei Klagen gegen Verwaltungsakte der Polizei u. a.

Justizbeamter darf kein Tattoo zeigen

Entscheidung des OVG Koblenz

■ **Mü. FRANKFURT, 20. Juni** – Ein Justizvollzugsbeamter muß seine Uniform so tragen, daß seine Tätowierungen nicht zu sehen sind. Das hat das Oberverwaltungsgericht (OVG) Koblenz am Montag entschieden. Der Beamte der Justizvollzugsanstalt Koblenz trug schon bei seiner Einstellung an beiden Unterarmen große Tätowierungen; er war früher Matrose gewesen. Sein Dienstherr verpflichtete ihn dazu, seine Uniform so zu tragen, daß die Tätowierungen nicht sichtbar waren. Hiergegen hatte der Beamte eingewandt, seine Autorität in der Anstalt sei durch die Tätowierungen bisher nie in Frage gestellt worden. Außerdem führe die Anordnung zu schwerwiegenden Einschränkungen der Persönlichkeitsentfaltung. Dem ist das OVG – wie schon zuvor das Verwaltungsgericht – nicht gefolgt. Durch das Tragen einer Uniform solle ein „einheitliches und neutrales Auftreten" der Beamten erreicht werden. Damit seien die großen und deshalb besonders auffälligen Tätowierungen des Klägers trotz des „Einstellungswandels der Bevölkerung" nicht vereinbar. Vielmehr ähnelten die Tätowierungen des Klägers denjenigen, die auch im Milieu von Strafgefangenen verbreitet seien. Deshalb bestehe die Möglichkeit eines „Distanzverlustes zu den Strafgefangenen" und damit einer Schwächung der Autorität des Beamten. Demgegenüber wiege die Einschränkung der Persönlichkeitsentfaltung des Klägers weniger schwer. Die Maßnahme treffe ihn nur bei der Ausübung seines Dienstes; gravierende körperliche Beeinträchtigungen seien nicht zu befürchten. Daß das Land ihn mit seinen Tätowierungen eingestellt habe, stehe der Anordnung nicht entgegen, sie beim Uniformtragen zu verbergen.

Frankfurter Allgemeine Zeitung

Kann ich eine Pro- und Kontra-Erörterung schreiben?

8 Vergleiche kurz die lineare Erörterung mit der Pro- und Kontra-Erörterung.

9 Ist ein Rauchverbot an Schulen sinnvoll? Erschließe dieses Thema und erstelle eine Stoffsammlung. Mache dir bewusst, welchen Standpunkt du vertrittst, und begründe deine Einstellung. Arbeite im Heft.

10 Entscheide, nach welchem Gliederungsschema du die Pro- und Kontra-Argumente im Hauptteil anordnen möchtest. Fertige einen Schreibplan an. Arbeite im Heft.

11 Schreibe die Pro- und Kontra-Erörterung zum Thema „Ist ein Rauchverbot an Schulen sinnvoll?“ Achte auf die Argumentationslogik und die Sprache. Prüfe und überarbeite deine Erörterung.

Kann ich eine textgebundene Erörterung schreiben?

12 Nenne Arbeitsschritte, die nötig sind, um eine textgebundene Erörterung zu verfassen.

13 Zähle auf, nach welchen Kriterien du einen argumentativen Text analysieren kannst.

14 Erschließe den Text auf Seite 62 mit dem Stift. Fasse die zentrale Aussage in einem Satz zusammen. Welche Absicht verfolgt die Autorin Susanne Amann mit ihrem Artikel?

15 Analysiere, mit welchen Argumenten, Belegen und Beispielen die Autorin arbeitet und wie sie diese einsetzt. Halte deine Ergebnisse schriftlich fest. Arbeite im Heft.

16 Wo ließen sich die Argumente leicht erschließen, an welchen Stellen konntest du sie nur zwischen den Zeilen entnehmen? Welche Haltung hast du zu den im Bericht aufgeführten Positionen? Welche Aspekte fehlen deiner Meinung nach zur vollständigen Behandlung des Themas? Berücksichtige diese Punkte und erstelle einen Schreibplan für eine textgebundene Erörterung. Arbeite im Heft.

17 Schreibe auf der Basis des Textes „Emanzipation im Kampfanzug“ eine textgebundene Erörterung. Prüfe und überarbeite sie.

Emanzipation im Kampfanzug – Frauen in der Bundeswehr

Seit fünf Jahren stehen Frauen alle Positionen in der Bundeswehr offen. Gegen viele Bedenken erobern sich die Soldatinnen ihren Platz in der Armee. Manche Männer empfinden ihre Anwesenheit inzwischen als Konkurrenz.

Seit gut fünf Jahren stehen Frauen alle Bereiche der Bundeswehr offen. Der Europäische Gerichtshof hatte der Elektronikerin Tanja Kreil aus Hannover Recht gegeben, die sich gegen das Grundgesetz gewehrt hatte. Frauen dürften „auf keinen Fall Dienst an der Waffe leisten" hieß es da. Ein Verstoß gegen den Gleichheitsgrundsatz befand der Europäische Gerichtshof und der Bundestag änderte daraufhin am 27. Oktober 2000 das Grundgesetz. Am 2. Januar 2001 traten die ersten 244 Frauen ihren Dienst an der Waffe an.

So hitzig die Debatte, so unspektakulär der Alltag

So hitzig die Debatte darüber außerhalb der Bundeswehr war, so störungsfrei ist der Alltag. Allen Unkenrufen zum Trotz sind die Probleme, wie zum Beispiel sexuelle Belästigung, relativ überschaubar geblieben: Neunzig Verdachtsfälle wurden dem Wehrbeauftragten Reinhold Robbe für das Jahr 2005 gemeldet – bei rund 12.000 Frauen betrifft das weniger als ein Prozent. „Bei der Bundeswehr ist es nicht anders als im richtigen Leben: Die Dinge, die in unserer Gesellschaft eine Rolle spielen und vorkommen, kommen auch in der Bundeswehr vor", konstatiert denn auch Robbe. „Ob das jetzt sexuelle Belästigung, Mobbing oder persönliche Differenzen mit den Vorgesetzen sind. Aber all das bewegt sich im Bereich des Normalen."[...]

Die Bundeswehr als sicherer Arbeitsplatz

[...] Pragmatismus bei der Arbeitsplatzentscheidung – so beurteilt auch Gerhard Kümmel vom Sozialwissenschaftlichen Institut der Bundeswehr (SoWi) die Motivation von Frauen, sich bei der Bundeswehr zu bewerben. Er hat den ersten Jahrgang von Frauen nach ihren Gründen befragt und dabei festgestellt, dass die Bundeswehr in erster Linie als Arbeitsplatz wahrgenommen wird: „Das wird von Frauen relativ pragmatisch gesehen", so Kümmel. Überproportional viele der Bewerberinnen kämen zum Beispiel aus den neuen Bundesländern: „Angesichts der sozioökonomischen Lage überrascht das nicht."

Ein Eindruck, den auch Günter Kruse, Oberstleutnant in der Julius-Leber-Kaserne in Berlin, bestätigt: „Die Entscheidung, zur Bundeswehr zu gehen, ist bei Frauen keine Verlegenheitsentscheidung. Sie bereiten sich genau darauf vor, haben das klar durchdacht und wissen ziemlich genau, was auf sie zukommt."

✻ **pragmatisch:** sachbezogen, realistisch

Gedanken über die Möglichkeit, im Kriegsfall oder im Auslandseinsatz die eigene Waffe tatsächlich auch benutzen zu müssen, macht sich Nicole Fröhlich nicht. Zu abstrakt ist die Vorstellung – obwohl man auch dafür ausgebildet wurde. „Die Masse der weiblichen Soldaten geht doch in eher traditionelle Bereiche", hat Gerhard Kümmel vom SoWi festgestellt: „Stabstätigkeit, Versorgung, Logistik, Nachrichtendienste, Feldjäger." Nur knapp 20 Prozent gehen tatsächlich auch in die Kampfunterstützungs- oder Kampfgruppen.

Gute Frauen – Konkurrenz für männliche Soldaten

Und die Frauen sind gut: Überdurchschnittlich motiviert, engagiert und leistungsorientiert, bereiten sie manchem männlichen Kollegen Kopfzerbrechen. Denn: „Zum Teil bringen Frauen bessere Ergebnisse als Männer, vor allem im kognitiv-theoretischen Bereich", so das Fazit von Gerhard Kümmel. „Das ist aber kein Phänomen, das nur für die Bundeswehr gilt, sondern gilt überall dort, wo Frauen neu in einen Bereich eintreten, der bislang von Männern dominiert war." Frauen werden deshalb – auch das ist ein Ergebnis der Untersuchungen des Sozialwissenschaftlichen Instituts – von ihren männlichen Kollegen durchaus als Konkurrenz begriffen: Um knappe Arbeitsplätze und Karrierechancen. Eine Tatsache, die Oberstleutnant Kruse nicht schlimm findet: „Frauen sind ehrgeiziger als Männer, aber das ist ein guter Ansporn: [...]

Von Susanne Amann

5 Kontrolle und Einschätzung, Tipps zur Weiterarbeit

AUFGABE	BEARBEITET AM	WIEDERHOLT AM	KONNTE ICH GUT	DAS WAR MITTEL	MUSS ICH ÜBEN	*Wenn du (mittel) oder (üben) angekreuzt hast, dann bearbeite folgende Aufgaben im Teil Lesen und Üben:*
1						S. 85/1; S. 87/1
2						S. 85/1; S. 87/1
3						S. 85/1
4						S. 85/1; S. 86/3; S. 86/4; S. 86/5; S. 86/6; S. 87/6; S. 87/7; S. 87/8; S. 87/9; S. 87/10
5						S. 85/2; S. 89/1; S. 89/2; S. 90/3; S. 91/1
6						S. 87/2; S. 90/4
7						S. 87/3; S. 87/4; S. 87/5; S. 90/7; S. 91/1; S. 91/2
8						S. 88/1; S. 90/1; S. 90/2
9						S. 88/1; S. 90/1; S. 90/2; S. 90/3; S. 90/4
10						S. 88/2; S. 90/1; S. 90/2; S. 90/5
11						S. 88/3; S. 90/1; S. 90/2; S. 90/6
12						S. 93/2; S. 93/3
13						S. 89/1; S. 92/1; S. 93/1
14						S. 89/1; S. 92/1; S. 93/1
15						S. 89/2; S. 90/3; S. 92/1; S. 93/1
16						S. 92/2, S. 93/2; S. 93/3
17						S. 93/2; S. 93/4

EINSCHÄTZUNG DER LEHRERIN/DES LEHRERS ODER DER ELTERN:

EINE ARGUMENTATION VORBEREITEN

Volkmar Kumpfert, Ministerialrat für Schule und Weiterbildung
Stellungnahme zum Thema „Handyverbot in Schulen"

Aus der Zeitschrift Pädagogik, Heft Mai 2001

Relativ neu ist die Störung durch den massenhaften Gebrauch des Mobiltelefons, der selbstverständlich auch vor der Schultür keinen Halt macht.

Ständig erreichbar zu sein, ist eine Statusfrage für Schülerinnen und Schüler.

Viel bedenklicher ist, was die rasant fortschreitende Technik noch so bietet, nämlich Fortentwicklung des Handys zum Kleincomputer mit Internetanschluss.

Störungen des Schulbetriebs oder des Unterrichts durch einzelne Schüler hat es immer gegeben und wird es immer geben.

Handys können als unerlaubtes Hilfsmittel bei Klassenarbeiten und Prüfungen eingesetzt werden, was den Möglichkeiten des Täuschungsversuches eine ganz neue Qualität gibt und die leistungsgerechte Beurteilung der Schülerinnen und Schüler in Frage stellt.

Das Versenden von SMS-Nachrichten kann in diesem Zusammenhang vermutlich noch als relativ harmlose Variante angesehen werden, weil es einiger Fingerfertigkeit und geraumer Zeit bedarf, um längere Texte oder Rechenoperationen unbemerkt hin und her senden zu können.

Ebenso wie es einen Schutz der Nichtraucher vor den Rauchern gibt, muss es auch einen Schutz davor geben, ständig Ohrenzeuge mehr oder weniger belangloser, gelegentlich sogar intimer Telefongespräche zu werden.

Jede Schülerin und jeder Schüler muss wissen, dass der Verstoß gegen das Verbot unmittelbar zu Sanktionen führt.

Ein generelles Handy-Verbot in der Schule (mit Erlaubnisvorbehalt für Härtefälle) schafft klare Verhältnisse.

: 1 Untersuche diese Textauszüge. Bestimme, ob es sich um eine These, ein Argument oder ein Beispiel handelt. Lege hierzu eine Tabelle an und notiere darin die unterschiedlichen Aussagen. Arbeite im Heft.

THESEN	ARGUMENTE	BEISPIELE
Relativ neu ist die Störung durch den massenhaften Gebrauch des Mobiltelefons, der selbstverständlich auch vor der Schultür keinen Halt macht.	…	…

Handyverbot – ja oder nein?

48 Millionen Deutsche besitzen ein Handy. Also mehr als jeder und jede Zweite.

13 Millionen Schülerinnen und Schüler besuchen allgemeinbildende und berufliche Schulen. Sie dürften zu der gesellschaftlichen Gruppe gehören, die gegenüber neuen Medien und neuen Kommunikationsmitteln besonders aufgeschlossen ist. Man kann davon ausgehen, dass weit über zwei Drittel aller Jugendlichen bereits ein Handy besitzen. […] Es lässt sich nichts verbieten, was sich allmählich zu einem Alltagsgegenstand entwickelt und wie Stift, Schlüssel, Papiertaschentücher und Portmonee in fast jeder Tasche zu finden ist. Das Besondere ist zur Normalität geworden.

1. Argument: Verbot sinnlos, Handy Alltagsgegenstand

Gute Pädagogen wissen, dass ein Verbot keinen Sinn hat, wenn es nicht durchzusetzen ist. Wenn die Mehrheit aller Schülerinnen und Schüler ein Handy besitzt, ist die handyfreie Zone, die zum Beispiel der Lehrerverband den Schulen einzurichten empfiehlt, nicht sinnvoll. Ein generelles Handy-Verbot würde außerdem bedeuten, pädagogische Chancen zu vertun und Probleme aus der Schule herauszudrängen, anstatt gemeinsam nach Lösungen zu suchen.

2. Argument: gute Lehrer wissen, Verbot ist sinnlos

3. Argument: Chancen vertun; Probleme verdrängen

„Mein Handy gibt mir Schutz“, äußert eine Schülerin der Klasse 8, als sie danach gefragt wurde, warum dessen Besitz ihr so wichtig sei. „Ich kann jederzeit meine Mutter anrufen, sie kann mich erreichen, egal wo ich bin.“ Handys sind für viele Familien ein wichtiges Medium zum Familienmanagment geworden. […]

Beispiel/Zitat Schutzfunktion Handy

Handys sind ein wichtiges Mittel der Jugendlichen, miteinander zu kommunizieren. Wenn man das Bild der Verinselung ernst nimmt, dann ist das Handy sozusagen die Brücke zwischen diesen Welten. Das eine Phänomen ist allerdings die Konsequenz aus dem anderen. Schulfreundschaften sind nicht mehr auf eine Straße oder auf ein Stadtviertel bezogen, sie gehen oft quer durch eine Stadt. Handys ermöglichen schnelle Verabredungen. […]

Handys sind ohne Frage ein Statussymbol. Und als solches kann es zum finanziellen Problem für Jugendliche werden. Statussymbole sind Ausdruck einer extremen Form von Außenbestimmung. Jugendliche definieren sich über sie und werden auch über sie definiert. Es wird nicht selten gejobbt und geklaut, die Eltern werden unter Druck gesetzt, um genügend Geld zu bekommen und mit den anderen mithalten zu können. Wer das nicht kann, droht zum Außenseiter zu werden.

Ein Handyverbot in der Schule ändert daran nichts. Wenn es einen Ort gibt, an dem man kritisch mit dem Problem der Statussymbole umgehen muss, dann ist es die Schule. Das Handy zum Gesprächsanlass zu nehmen, ermöglicht, den Druck, der durch das Statussymbol entstehen kann, bewusstzumachen. […]

2 Welche Meinung vertritt die Schulleiterin in diesem Text? Formuliere ihre Hauptthese. Arbeite im Heft.

3 Untersuche die Argumentation in dem Text. Setze das bereits begonnene Verfahren fort, indem du weitere Textmarkierungen und Randnotizen vornimmst.

! 4 Sortiere deine Randnotizen. Lege eine Tabelle nach dem Muster an. Arbeite im Heft.

THESEN (BEHAUPTUNGEN, FORDERUNGEN, URTEILE)	ARGUMENTE (BEGRÜNDUNGEN) UNTER VERWENDUNG VON ZITATEN, BELEGEN, BEISPIELEN

5 Formuliere eine Gegenthese und stütze diese durch Argumente. Arbeite im Heft.

! 6 Erarbeite ein Streitgespräch zwischen einem Lehrer und einer Schülerin, bei dem sich der Lehrer für und die Schülerin gegen ein Handyverbot in der Schule aussprechen. Arbeite im Heft.

Gemeinsam stark oder jeder für sich?

Im Juli-Heft wollten wir wissen, was ihr über die Idee einer Gemeinschaftsschule denkt: In einer solchen würden die Schülerinnen und Schüler von der ersten bis zur zehnten Klasse gemeinsam lernen und nicht schon nach der Grundschule getrennt.

− Ich fänd es blöd, wenn man Gemeinschaftsschulen hätte, weil die „schlechten" Schüler die „guten" dann sicherlich „Streber" nennen oder sie mobben würden. Ich denke, unser jetziges Schulsystem ist überhaupt nicht ungerecht für „Spätzünder", weil man ja auch in den höheren Klassen von der Hauptschule auf die Realschule oder von der Realschule auf das Gymnasium wechseln kann.

Julia, 13

+ Ich finde den Vorschlag sehr gut, weil die Klassengemeinschaft nicht so schnell auseinandergerissen wird. Als ich aufs Gymnasium gegangen bin, habe ich meiner alten Klasse ein halbes Jahr nachgetrauert. Wenn man länger zusammenbleibt, wird man größer und behält die Nerven.

Sina, 12

− Ich finde den Vorschlag nicht so toll, denn wenn einer nicht so gut mit seinen Schulkameraden auskommt, hat er es dann zehn Jahre schwer mit ihnen. Ich bin in der 4. Klasse und froh, dass die Klasse jetzt aufgeteilt wird.

Sebastian, 9

GEOlino
Das Erlebnisheft

− Ich bin gegen eine Klasse, die bis zur Zehnten gemeinsam lernt. Oft merkt man schon im ersten Schuljahr, wer „mitkommt" und wer nicht. Ich glaube, dass es keine „Spätzünder" gibt, die nach dem vierten Schuljahr „zünden". Meine Meinung ist, dass es so, wie es jetzt ist, genau richtig ist.

Stephan, 11

+ Ich finde den Vorschlag gut, denn ich glaube nicht, dass Viertklässler schon wissen, was von ihren Leistungen abhängt und wie wichtig sie für das spätere Leben sind. Deshalb finde ich es ungerecht, sie dann schon in „gut" oder „schlecht" einzuteilen.

Sebastian, 12

+ Ich finde diese Idee genial, denn bei mir hat es erst nach der 4. Klasse „klick" gemacht, als ich schon auf der Hauptschule war. Wenn man bis zur 10. Klasse zusammen ist, haben auch „Spätzünder" bessere Chancen.

Melanie, 13

+ Ich finde den Vorschlag sehr gut. Meiner Meinung nach werden Kinder, die in der 4. Klasse noch nicht so reif sind wie andere, in unserem System völlig übersehen. Wenn aber alle bis zur 10. Klasse zusammenbleiben, lässt sich wirklich erkennen, wer die Empfehlung für das Gymnasium verdient und wer nicht. Bekanntlich war ja auch Einstein in der Grundschule kein hervorragender Schüler.

Eva, 15

– Ich finde den Vorschlag nicht so gut, weil man dann, wenn man das Abitur machen will, in den letzten drei Jahren total viel lernen muss. Außerdem ist es doch schwierig, in einer Klasse zu unterrichten, in der manche nichts vom Stoff kapieren, während die anderen sich langweilen. Ich fände es gut, wenn die Grundschule bis zur 6. oder 7. Klasse gehen würde.

Sunamit, 13

+ Ich besuche eine Schule, welche von der 1. bis zur 10. Klasse geht – und ich befürworte das Prinzip. Ich habe selbst mitbekommen, dass manche Mitschüler ihre Leistungen stark verbessert (und manche leider auch verschlechtert) haben. Ich fände es schade, wenn ein Schüler nicht die Wahl hätte, das Abitur zu machen, nur weil er in der 4. mal nicht so gut war.

Aurelia, 16

: 1 Worum geht es bei der „Sommer-Frage" in GEOlino? Welche Meinung hast du selbst dazu?

: 2 Untersuche die Stellungnahmen der Schülerinnen und Schüler im Einzelnen und trage deine Ergebnisse stichwortartig in der Tabelle ein.

NAME, ALTER	PRO/KONTRA GEMEINSCHAFTSSCHULE	ARGUMENT	BELEG/ BEISPIEL	SCHLUSSFORDERUNG, FAZIT, FORDERUNG
Eva, 15	*pro*	*zu frühzeitige Auslese*	*Einstein*	–

: 3 Vergleiche die Stellungnahmen: Welche überzeugen dich, welche weniger, welche gar nicht? Liegt das mehr an der Argumentation oder mehr an der sprachlichen Gestaltung der Stellungnahme?

! : 4 Überprüfe, ob du deine Meinung (siehe Aufgabe 2) nach der Untersuchung der Stellungnahmen geändert hast. Formuliere eine eigene These, welche du mit einigen Argumenten stützt. Arbeite im Heft.

Und nachts rieseln die künstlichen Flocken

Sonne, Pulverschnee und traumhafte Abfahrten versprechen die Prospekte der Reisebüros. Und alljährlich verlassen sich die Kunden auf diese Illusion, um am Ende zwischen grünen Grasflächen den Hang hinunterzurutschen. Die Klimaveränderung bewirkt, dass die Winter in Europa schneeärmer werden. Viele Wintersportorte klammern sich deshalb an den einen Rettungsanker: Schneekanonen. Wie das bayerische Umweltministerium bestätigt, gehen bei den Behörden immer mehr Anträge auf Genehmigung von Beschneiungsanlagen ein. „In den Skigebieten der Alpen und Mittelgebirge läuft gegenwärtig eine massive Aufrüstungswelle mit Schneekanonen", beklagt der Bund Naturschutz in Bayern, der Beschneiungsanlagen aus ökologischen Gründen ablehnt.

Seit neun Jahren wird die Talabfahrt am Fellhorn in Oberstdorf im Allgäu künstlich beschneit. „Ohne künstliche Beschneiung wäre die Talabfahrt bei den heutigen Schneeverhältnissen nicht mehr möglich. Doch gerade die Talabfahrt macht unseren Ort für Skifahrer attraktiv", erklärt Thomas Kretschmer, Pressesprecher der Stadtverwaltung.

Naturschützern ist dieser Eingriff in die Natur ein Dorn im Auge. Axel Doering vom Bund Naturschutz sagt: „Artenreiche Wiesen und Rasen werden in allen Höhenstufen durch den Bau und den Einsatz von Schneekanonen gravierend geschädigt."

Kunstschnee kann bis zu viermal so schwer wie Neuschnee sein und bleibt bis zu drei Wochen länger liegen. Unter dem dichten Kunstschnee, besonders bei Eisbildung, litten die Pflanzen unter Sauerstoffmangel, was zu Schimmelbefall und zu Fäulnisprozessen führen könne, bemängelt Doering.

Die Betreiber der Oberstdorfer Fellhorn-Bahn teilen diese Befürchtung nicht. Seit neun Jahren wird am Fellhorn an 25 Kontrollstellen die Vegetation untersucht. Die Biologen stellen fest: Es ist keine Pflanzenart aufgrund der künstlichen Beschneiung verschwunden. Der spätere Beginn des Pflanzenwachstums wirkt sich nicht negativ auf die Tierwelt aus.

Die Naturschützer haben aber neben dem Artenschwund noch weitere Mängel ausgemacht: Der Lärm der Schneekanonen störe das Wild. Das Wasserspeichervermögen der Kunstschneepisten sei sehr viel geringer und der Abfluss des Schmelzwassers sei stärker als an ungestörten Hangbereichen, was wiederum zu Erosion führen könne. Die Schneekanonen würden Unmengen an Schnee und Wasser verbrauchen.

✻ **Erosion:** Erdabtragung durch Wasser, Eis oder Wind

Der Kritik am hohen Energiebedarf hält Augustin Kröll, Vorstandsmitglied der Fellhorn-Bahn, entgegen, dass die Beheizung eines Hallenbades im Winter ein Zigfaches mehr an Energie benötige als die Betreibung der Schneekanonen. Zudem gibt Kröll zu bedenken, dass vorwiegend nachts beschneit werde, also in einer Zeit, in der genügend Strom zur Verfügung stehe. Da es sich beim Lärm der Schneekanonen um ein gleichmäßiges Rauschen handle, werde das Wild nicht aufgeschreckt. Auch die befürchteten Schmelzwasser-Sturzbäche und Erosionen seien nicht entstanden.

Als Vorteil der Schneekanonen nennt Augustin Kröll die durchgehende Bedeckung des Bodens und den damit verbundenen Schutz der Grasfläche gegen Beschädigung durch Pistenfahrzeuge und Skikanten. „Eine Skipiste ist keine unberührte Wiese, sondern ein bereits verändertes Ökosystem."

1 Unterstreiche im Text, was für und was gegen eine künstliche Beschneiung von Skipisten vorgebracht wird.

weil sie …

Schneekanonen sind wichtig,

Gerade Talabfahrten werden …

… Skiorte besonders attraktiv machen.

… oft erst durch Schneekanonen ermöglicht.

2 Bringe die Bausteine einer Argumentation (Seite 68 unten) durch Nummerieren in eine sinnvolle Reihenfolge. Kennzeichne die These, das Argument und das Beispiel.

3 Betrachte die Pro- und Kontra-Positonen im Text genauer und halte Stichpunkte in der Tabelle fest.
- Wer vertritt welche Argumente? Formuliere die unterschiedlichen Standpunkte.
- Auf welche Überzeugungen, Werte, Ziele stützen sich die Gruppen bei ihren Argumenten?
- Welche Motive und Interessen haben die Gruppen?
- Warum glauben beide Seiten, dass sie im Recht sind?

PRO-POSITION	KONTRA-POSITION

4 Markiere im Text Stellen, an denen Argumente durch Wertvorstellungen, Fakten oder Ergebnisse von Untersuchungen gestützt werden. Welche Argumentation überzeugt dich mehr? Begründe.

! 5 Lege ein Suchfenster an (siehe Seite 11) und ordne die Argumente zum Thema „Künstliche Beschneiung in Wintersportgebieten“ ein, indem du sie gewichtest. Arbeite im Heft.

6 Überlege, ob ein Kompromiss zwischen beiden Seiten möglich wäre und wie dieser aussehen könnte.

! 7 Stell dir vor, ihr diskutiert in der Klasse über das Thema „Künstliche Beschneiung“. Mit welchen Gegenargumenten rechnest du, wenn du vorschlägst, aus ökologischen Gründen nicht mehr ins Skilager zu fahren? Versuche die Gegenargumente zu entkräften. Arbeite im Heft.

Der Mordfall Jakob von Metzler

Der elfjährige Jakob von Metzler wird am 27. September 2002 auf dem Weg nach Hause von dem siebenundzwanzigjährigen Jura-Studenten Magnus Gäfgen entführt und kurz danach in dessen Wohnung erdrosselt. Gäfgen fordert anschließend von der Bankiersfamilie von Metzler ein Lösegeld in Höhe von einer Million Euro. Der Täter wird kurz nach der Geldübergabe gefasst und von der Polizei verhört, macht jedoch falsche Angaben über das Versteck Jakobs. In der Hoffnung, das Opfer noch lebend finden zu können, lässt der Polizei-Vizepräsident Daschner dem Täter Schmerzen androhen, worauf dieser das wahre Versteck des längst toten Kindes nennt.

1 Wie beurteilst du die Androhung von Gewalt in dieser Situation?

Mehrheit der Bundesbürger für Gewaltandrohung in Verhören

■ **26. Februar 2003** – Die große Mehrheit der Deutschen zeigt Verständnis für die Gewaltandrohung der Polizei im Entführungsfall Jakob von Metzler. 63 Prozent finden, der stellvertretende Polizeichef Wolfgang Daschner solle nicht bestraft werden, wie eine am Mittwoch veröffentlichte Umfrage ergab. 32 Prozent der 103 Befragten sprachen sich für eine Strafe aus.

2 Welcher Meinung bist du, sollte der Polizist bestraft werden? Formuliere mindestens drei Begründungen für deinen Standpunkt.

Text 1

Eine Leserreaktion

Im Fall Daschner diskutieren wir das Recht des Mörders auf körperliche Unversehrtheit und verlieren dabei das Recht des Opfers auf Leben aus den Augen.

Wir diskutieren das Recht eines Täters, der durch die Ermordung von Jakob von Metzler gegen alle juristischen und religiösen Gesetze dieser Welt verstoßen und sich damit außerhalb unserer Gesellschaft gestellt hat. Wir setzen die verbale Androhung von körperlichem Schmerz bei der Vernehmung dieses Täters gleich mit einer grundlegenden Gefährdung unseres Rechtssystems. Wir setzen es gleich mit einem gegen den Täter gerichteten Unrecht. Welches Recht hat dann Jakob von Metzler? Hatte er kein Recht auf körperliche Unversehrtheit?

Ist es nicht primäre Aufgabe unserer Gesellschaft und unserer Justiz, Jakob von Metzler zu seinem Recht zu verhelfen? Gerade weil er es nicht mehr selbst tun kann? [...]

Ich würde mir als Vater eines entführten Kindes wünschen, dass die vernehmenden Polizeibeamten dem Täter die Schmerzen nicht nur androhen.

Text 2

Aus einer Pressemitteilung

Das Urteil ermutigt andere PolizeibeamtInnen dazu, in Zukunft bei Verhören zu ähnlichen Mitteln zu greifen (wenn sie es nicht schon sowieso machen) – es kann ihnen ja nicht viel passieren (eine „Verwarnung unter Strafvorbehalt" gehört zu den mildesten Strafen, die im Gesetz vorgesehen sind). Und außerdem wird das öffentliche Geschrei nach einer gewissen Abstumpfungsphase auch bald aufhören.

Dann kann die deutsche Polizei mit offiziellem Aktenvermerk Folter androhen und durchführen. Dann werden im Windschatten jener Abscheu erregenden Verbrechen (z. B. Sexualmord, Kindesentführung) jene repressiven Praktiken durchgesetzt sein, für deren Einsatz unter anderen Umständen kaum eine Mehrheit bestanden hätte. [...]

Die Rote Hilfe e. V. protestiert gegen den von höchsten rechtsstaatlichen Stellen ausgehenden Versuch, die Anti-Folter-Konvention auszuhöhlen und den Weg zu ebnen für eine von gewaltförmiger Willkür geprägte Strafverfolgungspraxis.

Mathias Krause für den Bundesvorstand der Roten Hilfe e. V.

3 Welcher Text wirkt auf dich auf den ersten Blick argumentativ überzeugend, welcher weniger? Begründe kurz deinen ersten Eindruck.

4 Untersuche die Texte und überprüfe deinen ersten Eindruck. Halte deine Ergebnisse stichpunktartig im Heft fest. Folgende Fragen helfen dir:

- Wer fordert was?
- Mit welchem Ziel?
- Mit welchen Argumenten?
- Auf welche Grundwerte stützt sich die Argumentation?

! : 5 Betrachte die einzelnen Argumente (Text Seite 71) genauer. Ordne sie in der Tabelle.

ARTEN VON ARGUMENTEN	BEISPIELE VON ARGUMENTEN AUS DEN TEXTEN
Faktenargumente	
Evidenzbeweise (unmittelbar einleuchtende Beobachtungen und Erfahrungen)	
Autoritätsargumente (Aussagen von Experten, …)	
Analogiebeweise (Rückschlüsse aus ähnlich gelagerten Sachverhalten)	
Argumente, die Folgen aufzeigen	*Das Urteil ermutigt andere PolizeibeamtInnen dazu, in Zukunft bei Verhören zu ähnlichen Mitteln zu greifen.*
normative Argumente (Hinweise auf allgemein verbindliche Werte und Normen)	

! : 6 Setze dich mit den Standpunkten auseinander, die in den Texten auf Seite 70 f. vertreten werden. Überlege, wie du die Argumente entkräften kannst. Entwickle die Gegenposition. Arbeite im Heft.

Beispiel:
Das Urteil ermutigt andere PolizeibeamtInnen dazu, in Zukunft bei Verhören zu ähnlichen Mitteln zu greifen. … Hinweis auf die Folgen ····➤ Das Argument unterstellt, dass Polizisten nur durch die Angst vor den Folgen davon abgehalten werden, härtere Verhörmethoden anzuwenden.

Meine Meinung:
Ein gängiges Vorurteil ist doch, dass Kriminelle nur unter Druck etwas preisgeben und dass nur Gewalt den nötigen Druck erzeugt. Dabei vergisst man, dass es auch gewaltfreie Verhörmethoden gibt, die zum Ziel führen: Anreize schaffen, Strafverschärfung androhen und so weiter. Denn auch Kriminelle sind darauf aus, ihre Lage nicht noch zu verschlechtern. Außerdem muss man oft nur den richtigen Zugang zu ihnen finden. Aus diesen Gründen meine ich, dass man auch ohne Gewaltandrohung in Verhören zu den gewünschten Informationen kommen kann.

: 7 Überprüfe den Diskussionsbeitrag „Meine Meinung“. Arbeite im Heft.
- Welche Position versucht der Sprecher zu entkräften?
- Welche Auffassung vertritt er?
- Wie begründet er diese?
- Wie baut er den Diskussionsbeitrag auf?

TOCHTER *(Handy am Ohr)*: O. k., man sieht sich – bis gleich dann …!

MUTTER: Bitte zieh dir einen warmen Pullover an! Es ist viel zu kalt und du weißt doch, dass man sich bei der Kälte leicht eine Blasen- oder Nierenentzündung holen kann. Ich mach mir Sorgen um dich. Du warst erst letzte Woche stark erkältet!

TOCHTER *(blickt ratlos zur Mutter)*: ?

MUTTER *(wütend)*: Und so gehst du mir nicht auf die Straße! Du bist schließlich schon eine Frau und dein Outfit ist viel zu freizügig! Denk nur an das junge Mädchen, das letzte Woche vor der Disko von diesen Typen angemacht worden ist – die war auch so aufreizend angezogen … das hast du mir selbst erzählt. Also: Zieh dir bloß etwas anderes an, hörst du?!!

TOCHTER: …

1 Welches der beiden vorgetragenen Argumente der Mutter würde dich überzeugen? Begründe.

! 2 Suche Argumente für und gegen bauchfreie Kleidung und ordne sie in einem Suchfenster (siehe Seite 11) nach ihrer Überzeugungskraft an.

	PRO	NEUTRAL	KONTRA
eher stark			
eher schwach			

! 3 Überlege, wie die Tochter reagieren und wie das Gespräch weitergehen könnte. Entwirf das Gespräch. Arbeite im Heft.

MÜNDLICH ARGUMENTIEREN

Werbung als Programm

Immer mehr Marken drängen in das redaktionelle Umfeld von TV-Sendungen

Sie sind Kult. Tausende von Frauen geben ein Vermögen für diese sexy Stilettos aus. Natürlich nicht für irgendwelche, sondern für Manolo Blahniks. Noch vor drei Jahren kannte die sündhaft teuren Pumps in Deutschland kein Mensch. Dann kam die Serie *Sex and the City*. Deren Hauptfigur Carrie trägt in jeder Folge Manolo Blahnik (natürlich nicht zufällig) – und viele Frauen wollen seitdem diese Schuhe besitzen. Einen derartigen Erfolg hätte klassische Werbung niemals erzielt. Eine Randerscheinung? Nein. Der TV-Trend für das kommende Jahr heißt *Advertiser Founded Programming* (AFP). […]

Der Blick über den Teich inspiriert die Deutschen. „Das Interesse an AFP seitens der Werbetreibenden und Produzenten wird immer größer", meint ein Insider. Für die Entwicklung gibt es Gründe. Seit Längerem haben lange Werbeblöcke bei dem Zuschauer ein schlechtes Image. Und immer noch müssen die Sender sparen und geben den Kostendruck an die Produzenten weiter. Nicht zuletzt zwingt der *Personal Video Recorder* (PVR) zum Handeln. Denn in Kürze wird der Festplattenrekorder, mit dem man die Werbung überspringen kann, auch in Deutschland erschwinglich. Auch größere Sender werden umdenken müssen. […]

Die Entwicklung in den USA zeigt: Die Zuschauer sehen mehr aufgezeichnete Sendungen an als in Echtzeit.

: 1 Ihr wollt in der Schule über das Thema „Sollte Schleichwerbung im Fernsehen erlaubt werden?" diskutieren. Bei deiner Recherche stößt du auf diesen Artikel. Werte ihn aus und notiere Argumente, Belege und Beispiele, die in eurer Diskussion wichtig sein könnten.

Pro-Argumente, die genannt werden:

Beleg/Beispiel:

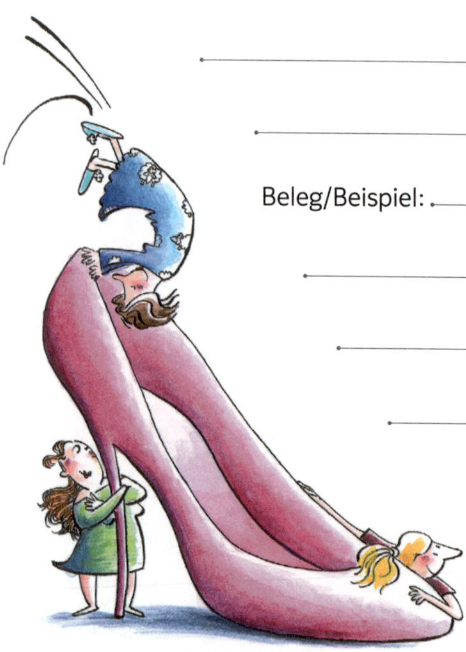

MAX: Da hast du Recht, ich finde Werbeblöcke auch störend. Aber trotzdem bin ich gegen Schleichwerbung, weil man durch diese Art der Werbung noch leichter beeinflusst wird. Vor allem kleine Kinder begreifen das doch gar nicht. Die denken dann, wenn einer eine bestimmte Cola im Film trinkt, dass dem das wirklich schmeckt.

STEFAN: Das ist doch völlig egal, ob dem das schmeckt und was der trinkt. Du sagt ja selbst, dass Werbeblöcke weg müssen. Das ist die Hauptsache, alles andere ist Blödsinn.

LAURA: Nein, das ist überhaupt kein Blödsinn. Ich stimme Max voll und ganz zu. Es kommt noch hinzu, dass dann die Firmen versuchen werden, auf die Fernsehmacher einzuwirken. Und am Ende werden im Krimi die Verdächtigen immer vor einer Aldi-Filiale befragt. Wo soll denn hier überhaupt die Grenze sein? Steht ein Korrespondent in den Nachrichten nicht mehr vor dem Weißen Haus, sondern vor einer Burger-King-Filiale? Ich finde, Schleichwerbung sollte verboten bleiben!

2 Welche Argumente gegen Schleichwerbung werden von den Schülern in dieser Diskussion genannt? Schreibe sie in Stichwörtern heraus.

Kontra-Argumente, die genannt werden: ______________________

____

____

____

____

____

3 Bewerte die Diskussionsbeiträge von Stefan und Laura. Schreibe jeweils auf, was gut gelungen ist bzw. gegen welche Regel verstoßen wurde.

Stefans Beitrag: ______________________

____

____

____

Lauras Beitrag: ______________________

____

____

____

4 Formuliere selbst zu dem Thema einen kurzen Diskussionsbeitrag zum Thema. Knüpfe dabei an Lauras Beitrag an. Arbeite im Heft.

Wahlrecht unter 18?

Also ich bin für das Wahlrecht unter 18. Viele Erwachsene glauben, dass Kinder noch zu dumm zum Wählen sind. Manche sagen auch einfach, Kindern fehlt die nötige Lebenserfahrung dazu, sie sind noch nicht reif genug. Aber wer legt das fest? Gibt es einen Reifetest auch für die Erwachsenen? Die haben sicher mehr Lebenserfahrung, aber ist es nicht so, dass man mit zunehmender Erfahrung auch mehr verfestigten Vorurteilen und vereinfachten Weltanschauungen erlegen ist? Was ich gar nicht mehr hören kann, wenn die Gegner des Wahlrechtes für uns Kinder sagen, dass wir ganz leicht beeinflussbar sind und sowieso nur genauso wählen würden wie unsere Eltern. Natürlich sind Kinder beeinflussbarer als die meisten Erwachsenen. Ich glaube aber, die Gefahr, dass wir massenhaft belogen werden und zu unserem Nachteil beeinflusst werden, nicht so groß ist, wie mancher denkt. Wir Jugendlichen unterhalten uns mit vielen, in der Clique, in der Schule oder zu Hause. Und dann vergleichen wir die Meinungen mit den Wahlversprechen. Da haben plumpe Wahllügen keine Chance. Es wird sich herumsprechen, wer da die jungen Wähler hinters Licht führen will, bloß um ein paar mehr Stimmen zu ergattern …

Heike Z., 15 Jahre

: 1 Lies den Redebeitrag zum Thema „Wahlrecht unter 18". Aus welcher Gesprächsform könnte er stammen? Begründe deine Meinung.

: 2 Welche Argumente gegen das Wahlrecht für Kinder werden im Redebeitrag von Heike Z. aufgeführt? Markiere sie farbig.

: 3 Wie werden die Kontra-Argumente widerlegt? Schreibe die Gegenargumente auf.

KONTRA-ARGUMENT	GEGENARGUMENT, ABER …
„Kinder haben zum Wählen nicht die nötige Lebenserfahrung."	
„Kinder sind zu beeinflussbar."	

: 4 Woran kann man erkennen, dass dieser Diskussionsbeitrag einen Widerspruch einleitet?

: 5 Vergleiche den Beitrag aus Aufgabe 4 mit diesem. Was haben beide Äußerungen gemeinsam?

: 6 Beurteile mithilfe der Kriterien für eine angemessene Reaktion in Diskussionssituationen diese beiden Äußerungen. Was fällt dir auf?

: 7 Bei der Entscheidung, ob es ein generelles Wahlrecht für Kinder und Jugendliche unter 18 Jahren geben sollte, kann man Kompromissangebote machen. Suche dir eine mögliche Variante aus und begründe, warum du diesen Vorschlag als Kompromiss gewählt hast.

Eingeschränktes Wahlrecht für Kinder und Jugendliche unter 18 auf kommunaler Ebene!

Wahlrecht für Kinder und Jugendliche unter 18 Jahren nur in Nordrhein-Westfalen!

Kinder und Jugendliche unter 18 dürfen erst nach Besuch eines speziellen Seminars wählen gehen!

: 1 Notiere mithilfe der Illustration Stichpunkte, was man beachten muss, damit eine Diskussion ergiebig wird, und begründe sie.

Am Albert-Einstein-Gymnasium herrscht Raumnot und ein neuer Anbau ist geplant. Ruben, der Schülersprecher, muss die Interessen der Schüler vor dem Schulforum vertreten, in dem über die Planung und zukünftige Nutzung des Neubaus beraten wird. Er hat die Schüler zusammengerufen, um zu klären, was sie wollen und wie dies am besten zu erreichen ist.

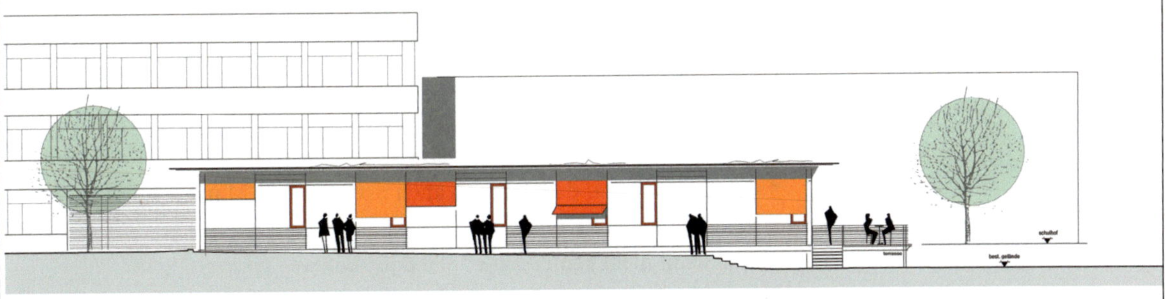

ansicht süd

RUBEN: Ihr wisst, wieso wir uns heute treffen. Welche Interessen haben wir als Schüler am neuen Anbau?

STREITSCHLICHTER: Also wir wollen einen großen Raum, wo wir auch Fortbildungen halten können, also für die Streitschlichter, und mehrere kleine Räume, damit die Privatsphäre bestehen bleibt für die einzelnen Schüler, die Streit zu schlichten haben.

RUBEN: Könnten diese kleinen Räume nicht die gleichen sein wie die der Schülerzeitung?

STREITSCHLICHTER: Nein, wir wollten lieber eigene Räume haben, weil wir da auch unsere Ordner zum Beispiel aufstellen könnten mit vergleichbaren Streitfällen oder …

RUBEN: Ja. Die Schülerzeitung will auch was sagen.

SCHÜLERZEITUNGSVERTRETER: Also wenn die Streitschlichter ihren eigenen Raum kriegen, will die Schülerzeitung auch einen eigenen. Wir müssen ja konzentriert arbeiten hier.

SINA: Also meiner Meinung nach braucht die Schülerzeitung keinen eigenen Raum, weil es kommt eh selten zu Treffen und funktioniert sowieso nicht.

FABIO: *(Zwischenruf)* Ja!

SINA: Und da könnte ja einfach im Klassenzimmer …

FABIO: Und außerdem ist es ja wirklich nicht so … du hast gesagt, du brauchst einen extra Raum, und du findest, sie bräuchten keinen extra Raum, weil die Zeitung so selten herauskommt. Ich meine, was hört man denn schon Produktives von der Streitschlichtung? Hat jemand, der Probleme hat … ich kenne nicht viele Leute, die dann zur Streitschlichtung gehen.

RICHIE: Außerdem wär's dann wenigstens so, wenn ihr den Kompromiss mit der Schülerzeitung eingehen würdet, dass ihr den Raum mit der Schülerzeitung zusammen nutzen würdet. Wäre bestimmt kein Problem. Abgesehen davon trefft ihr euch ja nicht jeden Tag. Der Raum würde dann die ganze Woche leer stehen, so wie ganz viele andere Räume in der Schule auch.

RUBEN: Gut, ja, die Schülerzeitung.

SCHÜLERZEITUNGSVERTRETER: Also wir würden auf den Kompromiss eingehen, den der Richie vorgeschlagen hat, und uns das Zimmer teilen. Allerdings sollte das dann aufgeteilt sein, so dass jeder seinen eigenen Tisch hat.

RUBEN: Okay. Was sagen die Streitschlichter dazu?

STREITSCHLICHTER: Also wir wollen weiterhin unseren eigenen Raum. Wir brauchen einfach viel Platz und die Schülerzeitung würde da stören und wir wollen eben – wie gesagt – da auch Streit schlichten. Und wenn die Schülerzeitung immer stört und sich da über …

RUBEN: Ja okay, die Eli, *(lauter gegen Zwischenrufe)* die Eli will schon ganz lange etwas sagen *(gegen weitere Zwischenreden)*. Guck mal, die Eli meldet sich schon lange. Ja, deswegen darf die Eli etwas sagen. (Fabio: Ja und?) *(Eli-Rufe)* Fabio, du bist ruhig und Eli sagt jetzt was.

ELI: Ich meine, wir können, also ihr könnt den großen Raum mit der Schülerzeitung zusammen nutzen. Wir könnten in der Mitte einfach, wie in Sporthallen manchmal, so einen Vorhang runterlassen, so einen dickeren *(spöttisches Lachen von Matze)* und da hört man auch nix – und du Matze hältst die Schnauze –

MATZE: Ey, das kann's ja wohl nicht sein! *(Lachen und Boah-Rufe von anderen)*

RUBEN: *(lacht mit)* Ganz ruhig!

ELI: … und die kleinen Räume können wir dann zusammen benutzen – die Streitschlichter und meinetwegen auch noch die Nachhilfe.

SINA: Von mir aus. Über den größeren Raum könnten wir reden, ob wir den teilen könnten. Aber die kleinen Räume, die wollen wir weiterhin alleine.

ELI: Aber ich meine, wenn da – *(Zwischenrufe)* – was ist denn los, ich bin dran! Es wäre doch sinnlos, da noch extra Räume anzubauen …

SINA: *(lauter)* Aber da müsste es wirklich geregelte Zeiten geben.

RUBEN: *(sorgt für Ruhe)* Okay. Moment!

FABIO: Wie oft streitet ihr denn im Jahr?

SINA: Also …

FABIO: Wie oft gibt's so etwas? *(Tumult)*

RUBEN: Regt euch mal ab, die Schülerzeitung gibt's auch nicht oft. Ich fass jetzt einfach mal zusammen. Die Schülerzeitung will …

1 Lies die Diskussion und kläre, worum es geht, welche Standpunkte und Interessen deutlich werden und was besonders strittig ist. Arbeite mit Unterstreichungen und Markierungen.

! 2 Übernimm Rubens Rolle und fasse die Diskussion zusammen. Arbeite im Heft.

3 Untersuche den Verlauf der Diskussion und das Gesprächsverhalten genauer. Mache dir Randnotizen. Achte dabei besonders auf
- die Einhaltung der Gesprächsregeln,
- den Diskussionsverlauf (z. B. Abfolge der Themen, Zusammenhang der Beiträge, …),
- die Steuerung durch den Diskussionsleiter,
- die einzelnen Diskussionsbeiträge (z. B. Themenbezug, inhaltliche Argumentation, Bezug zum vorangehenden Beitrag, Sachlichkeit, …).

4 Fasse deine Untersuchungsergebnisse aus Aufgabe 3 kurz zusammen und notiere Vorschläge zur Verbesserung der Diskussion.

Schüler begrüßen Deutsch-Pflicht

■ [...] **Berlin** – Asad fühlt sich heute fast wie ein Politiker. Den Rücken hat er durchgedrückt, die Arme vor der Brust verschränkt. Er räuspert sich, fährt kurz mit der Hand über den Mund und sagt: „Wir brauchen die deutsche Sprache. Was sollen wir denn machen? Wir wollen unseren Realschulabschluss, und wenn wir eine Lehrstelle finden oder das Abitur machen wollen, dann müssen wir gut Deutsch sprechen", sagt er zu den Reportern und streicht sich durch die kurzen gegelten Haare. Asad ist 17, seine Eltern kommen aus Pakistan. Er ist Schülersprecher der Herbert-Hoover-Realschule im Berliner Stadtteil Wedding. [...]

Für 90 % ist Deutsch nicht Muttersprache

Wie Asad sind 90 % der Schüler an der Hoover-Schule keine deutschen Muttersprachler. Zuhause sprechen sie meistens Türkisch, Arabisch, Polnisch, Serbisch. Seit einem Jahr steht in der Schulordnung der Realschule deshalb: „Jeder Schüler ist verpflichtet, sich im Geltungsbereich der Hausordnung nur auf Deutsch zu verständigen." Über diesen Satz haben Eltern und Klassen diskutiert, die Schulkonferenz, in der auch Asad sitzt, hat abgestimmt. [...]

Anna Reimann

Die Schulsprache unserer Schule ist Deutsch. Jeder Schüler ist verpflichtet, sich im Geltungsbereich der Hausordnung nur in dieser Sprache zu verständigen.

Auszug aus der Schulhausordnung der Herbert-Hoover-Oberschule, Berlin

Muttersprache gehört in die Schule

Hamburgs frühere Ausländerbeauftragte, Ursula Neumann, spricht sich im taz-Interview gegen eine Deutschpflicht auf dem Schulhof aus

taz: *Berlins Bildungssenator Klaus Böger (SPD) empfiehlt seinen Schulen, in den Pausen nur noch die deutsche Sprache zuzulassen. Sie forschen über Migration und Mehrsprachigkeit. Wäre das der richtige Weg?*

Ursula Neumann: Es ist die richtige Zielsetzung, die Kinder anzuspornen, mehr Deutsch zu sprechen und zu lernen. Nur wird dies nicht erreicht, indem wir die Muttersprache der Kinder unterdrücken. Es ist klar, dass eine Zweisprachigkeit bei Kindern erreicht werden kann, und dass die Kinder in ihrem Leben beide Sprachen brauchen. Und es war bisher Ziel der Schule, diese zwei Sprachen zu fördern. Durch ein Verbot werden aber ganz andere Botschaften transportiert, als Deutsch zu lernen. Es wird signalisiert, dass die Herkunftssprache weniger wert und reine Privatsache sei, die in der Schule keinen Platz hat.

taz: *Ein Berliner Schulleiter drängt die Eltern, auch zu Hause Deutsch zu sprechen.*

Ursula Neumann: Das ist widersinnig. Einmal hat Schule sich nicht in die Familie einzumischen. Zum anderen kommt es beim Kind darauf an, dass eine Begriffsbildung unterstützt wird. Ein Kind, das in seiner Herkunftssprache weit entwickelt ist, hat auch gute Chancen, Deutsch gut zu lernen. Man sollte Eltern nicht bestärken, schlechtes Deutsch mit ihren Kindern zu sprechen. [...] Wenn man das Deutsch fördern will, dann durch Lernangebote und nicht durch Unterdrückung.

taz: *Aber wäre es bei Schulen mit hohem Migrantenanteil nicht sinnvoll, Deutsch als Verkehrssprache durchzusetzen?*

Ursula Neumann: [...] Es gibt ein gutes Modell aus England, das dort Lehrer in der Fortbildung lernen. Dort setzen sie die Schüler gleicher Sprache im Kreis nebeneinander und erlauben ihnen, eine Aufgabe zuerst untereinander in ihrer Sprache zu besprechen. Das Ergebnis wird dann in der Klasse auf Englisch vorgetragen. [...]

taz vom 26.01.2006

! : 1 Deutschpflicht an deutschen Schulen? Führt eine Diskussion oder eine Debatte zu diesem Thema in der Klasse durch. Informiert euch noch einmal im Arbeitsheft (Seite 18–27) über die Besonderheiten der jeweiligen Gesprächsform und plant genau euer Vorgehen. Bildet Gruppen und teilt die Aufgabenbereiche auf. Verwendet als Grundlage für die inhaltliche Vorbereitung die Texte. Wertet am Ende den Verlauf der Diskussion oder der Debatte aus.

: 2 Beschreibe die Karikatur. Auf welches Problem macht diese aufmerksam?

ROLLENKARTE

Beauftragte für Ausländerfragen

Ihr seid Migrationsbeauftragte und fordert, dass nur Einwanderer bleiben können, die sich einer Deutsch- sowie einer Einbürgerungsprüfung unterziehen. Als Vorbereitung dient ein intensiver Sprachkurs, in dem den Zuwanderern wesentliche Grundlagen der deutschen Sprache vermittelt werden. Auch setzt ihr euch für die Teilnahme an so genannten Einbürgerungskursen ein, in denen Themen wie „Grundlagen der Demokratie“, „Rechtsstaat und Sozialstaat“, „Grundrechte“ und „Staatssymbole“ besprochen werden. Ihr seid der Ansicht, dass nur die Zuwanderer bleiben können, die auch die Prüfungen bestanden haben.

ROLLENKARTE

Vertreter einer Menschenrechtsorganisation

Ihr seid Vertreter einer Organisation, die sich für die Einhaltung aller Menschenrechte einsetzt.Deshalb fordert ihr die uneingeschränkte Aufnahme aller Menschen, die aufgrund ihrer Religion, Nationalität oder Zugehörigkeit zu einer bestimmten sozialen Gruppe oder aber aufgrund ihrer politischen Einstellung verfolgt werden. Diese sollen uneingeschränkt den Schutz Deutschlands in Anspruch nehmen können. Alle anderen Maßnahmen entsprechen nicht den demokratischen Grundrechten des Staates, sodass das Land aus humanitären Gründen moralisch und rechtlich zur Aufnahme aller Menschen verpflichtet ist.

ROLLENKARTE

Migrationsexperte

Ihr seid Experte auf dem Themengebiet „Migration" und sollt in dem Planspiel als Diskussionsleiter auftreten. Den Ablauf habt ihr so geplant, dass zunächst der Anlass der Diskussion und die Gesprächspartner vorgestellt werden. Danach beginnen die Teilnehmer nacheinander jeweils ein Argument vorzutragen. Ihr achtet auf die Einhaltung wesentlicher Gesprächsregeln, regt durch Impulse zu weiterem Austausch an und beendet die Diskussion.

ROLLENKARTE

Betroffene Migranten

Ihr seid eine Gruppe, die sich aus Zugewanderten mit unterschiedlichem Migrationshintergrund zusammensetzt. Ihr versucht Hintergründe für eure Auswanderung aufzuzeigen, indem ihr auf die verschiedenen Ursachen aufmerksam macht. Außerdem beruft ihr euch auf die sinkende Geburtenrate und die steigende Lebenserwartung, die zu einer alternden und einer schrumpfenden Bevölkerung in Deutschland führt. Alle Einwanderer stärken den deutschen Arbeitsmarkt und die Wirtschaft.

! : 3 Führt zu der Fragestellung „Unter welchen Bedingungen sollen Menschen nach Deutschland einwandern können?" eine Podiumsdiskussion oder eine Talkshow als Planspiel durch.

- Informiert euch noch einmal über den Ablauf einer Podiumsdiskussion oder einer Talkshow (Seite 28 f.). Entscheidet euch für eine Gesprächsform und wählt aus, wer den Diskussionsleiter oder Moderator spielen soll. Diese bereiten sich auf ihre Rolle vor.
- Nehmt die unterschiedlichen Positionen ein, die auf den Rollenkarten näher erläutert sind. Bildet dazu fünf Gruppen und arbeitet mithilfe der Rollenkarten euren Standpunkt zu der strittigen Frage aus. Überlegt euch weitere schlagkräftige Argumente, die ihr in der Diskussion anführen könnt. Notiert diese auf Karteikarten. Wählt einen Sprecher aus, der eure Position vertritt.
- Alle nicht aktiv am Spiel Beteiligten teilen sich in zwei Gruppen auf. Die eine Gruppe notiert wesentliche Argumente, die von den unterschiedlichen Parteien genannt werden. Die andere Gruppe beobachtet genau den Verlauf der Diskussion und notiert dazu Stichpunkte.
- Im Anschluss an das Planspiel geben die beiden Gruppen wieder, wie sie den Verlauf der Diskussion einschätzen und welche Argumente vorgetragen wurden.

ROLLENKARTE

Vertreter der großen Wirtschaftskonzerne

Ihr vertretet große Unternehmen der Wirtschaft, die sich dafür einsetzen, dass vor allem qualifizierte ausländische Arbeitnehmer angeworben werden, denn inländische Arbeitskräfte sind für einen Teil der Jobs nicht zu gebrauchen. Euer Interesse gilt vor allem hochqualifizierten akademischen Fachkräften wie Computerspezialisten und Naturwissenschaftlern. Für alle anderen Einwanderer setzt ihr euch nicht ein, d.h. es soll ausschließlich die berufliche Qualifikation über die Einreise und das Bleiberecht entscheiden.

: 4 Informiert euch über die durch das Zuwanderungsgesetz festgelegten Rahmenbedingungen der deutschen Einwanderungspolitik. Vergleicht eure Diskussionsergebnisse damit: Welche Unterschiede und Gemeinsamkeiten ergeben sich?

: 5 In dem Planspiel „Parlamentarische Demokratie erleben" (Broschüre unter www.bundestag.de) versetzt du dich in die Rolle eines Abgeordneten. Du musst Ziele und Interessen verfolgen, die teilweise vorgegeben sind. Innerhalb verschiedener Gremien (Fraktion, Ausschuss, Plenum) musst du in Konferenzen Lösungen und Entscheidungen entwickeln. Das Ergebnis des Spiels ist offen.

SCHRIFTLICH ARGUMENTIEREN

Text 1

Eltern sollen Wahlrecht für ihre Kinder erhalten

Überparteiliche Initiative für Grundgesetzänderung

■ **Hamburg (ots)** – Eltern sollen künftig ein Wahlrecht für Kinder bis zum 18. Lebensjahr erhalten. Dies sieht eine überparteiliche Initiative zur Änderung des Grundgesetzes vor. Unterstützt wird der Vorstoß unter anderem vom ehemaligen Bundespräsidenten und Präsidenten des Bundesverfassungsgerichts Roman Herzog (CDU), Familienministerin Renate Schmidt (SPD), Bundestagsvizepräsidentin Antje Vollmer (Grüne), dem Vorsitzenden der Deutschen Bischofskonferenz Karl Lehmann und dem Vizepräsidenten des Bundesverbandes der Deutschen Industrie (BOI), Hans-Olaf Henkel. Die Initiatoren schrieben zur Begründung: „Kindern und Jugendlichen unter 18 Jahren – und damit 20 Prozent des Volkes – darf nicht generell der Einfluss auf die Ausübung der Staatsgewalt versagt werden." Die deutsche Gesellschaft werde „immer älter, ja sie vergreist regelrecht". Die Probleme seien nur zu bewältigen, wenn Kindern und ihren Eltern ein angemessener Stellenwert eingeräumt werde. Kinder zu haben sei heute mittlerweile eines der größten Armutsrisiken. „Doch nicht nur die Familien von heute leiden unter dieser Verteilungsungerechtigkeit. Die Kinder als die Erwachsenen von morgen finden ihre Interessen in der Politik nicht angemessen berücksichtigt", betonen die FDP-Politiker. „In vielen Bereichen werden immer mehr Lasten in die Zukunft verschoben – zum Nachteil künftiger Generationen."

Die Grundgesetzänderung soll ein „Wahlrecht ab Geburt" schaffen, das treuhänderisch von den Eltern beziehungsweise Sorgeberechtigten ausgeübt wird, bis ihre Kinder volljährig sind. Die Zahl der Wahlberechtigten würde dadurch um rund 14 Millionen steigen. Für die Ausübung des Kinderwahlrechts solle eine einfache und beide Elternteile gleichberechtigende Regelung erreicht werden. Dies könne durch abwechselnde Wahl der beiden Elternteile oder durch halbe Stimmen erfolgen.

Text 2

Geht alle Staatsgewalt nur vom volljährigen Volk aus?

Minderjährige sind eigenständige Rechtspersonen. Sie sind auch Inhaber von Grundrechten und nehmen am gesellschaftlichen, finanziellen und politischen Leben teil – sei es unmittelbar, sei es vertreten durch die Eltern. Ihre Beteiligung ist dabei nicht auf die Inanspruchnahme bestimmter Rechte beschränkt. Schon frühzeitig werden sie auch in die Pflichten eines Staatsbürgers eingebunden: So beginnt die strafrechtliche Verantwortlichkeit z. B. vor dem Eintritt der Volljährigkeit.

In einer Hinsicht sind sie freilich gänzlich ausgeschlossen: An der Konstitution der Staatsgewalt wirken sie nicht mit, obwohl im Grundgesetz steht, dass alle Staatsgewalt vom Volke, d. h. dem ganzen, ausgeht. Im Grundgesetz steht nämlich, dass die Wahlberechtigung erst mit der Vollendung des 18. Lebensjahres erreicht wird. Damit wird der Grundsatz der Allgemeinheit der Wahlen, der zugleich Ausdruck der Gleichheit aller ist, verletzt.

Außerdem steht laut Grundgesetz der Staat in der Verantwortung für die künftigen Generationen. Die Realität aber sieht anders aus: Familien werden bis heute finanziell benachteiligt. Statistische Erhebungen belegen, dass die Arbeits- und Wohnsituation ebenso wie die finanzielle Ausstattung der Erwachsenen ohne Kinder deutlich besser ist. Dabei sind es jedoch die Familien mit Kindern, die sich als Einzige der Sicherung der Zukunft unserer Gesellschaft widmen. Würden die Minderjährigen eine Stimme bekommen, so wäre ihre Gruppe, also ohne die betroffenen Eltern, schon größer als die der Senioren und manche „Schieflage" der sozialen Gerechtigkeit könnte korrigiert werden. […]

Text 3

Rheinischer Merkur im Interview mit Paul Kirchhof

RM: Eine Grundgesetzänderung ist eine gewaltige Hürde. Sie brauchen also gute Argumente. Welche sind das?
Die Interessen der nachfolgenden Generation werden etwa bei der Staatsverschuldung, der Bildung, der Umweltpolitik und dem Rentenund Generationenvertrag nicht hinreichend berücksichtigt. Der Wähler der Zukunft, den die heutigen Parlaments- und Regierungsentscheidungen am meisten betreffen, weil er noch am langfristigsten deren Rechtsfolgen mitzutragen hat, bekommt kein Gehör.
RM: Kann das Familienwahlrecht das Bewusstsein schärfen, sich für Kinder einzusetzen? Ich denke, ja. Wenn wir das Stimmengewicht von Eltern stärken, so rücken wir den Gedanken in den Vordergrund, dass diese Menschen mehr Verantwortung für die Gesellschaft tragen als andere. [...]

Text 4

Irmingard Schewe-Gerigk: Nein zum Familienwahlrecht

Im Grundgesetz ist verankert, dass alle Wähler die gleiche Stimmenanzahl haben. Durch ein Familienwahlrecht würde gewollt oder ungewollt Kinderlosen das Recht auf gleiches Gewicht bei der Wahl beschnitten. Die Zahl der Stimmen würde von der Lebensweise abhängig gemacht. Und: Wer will Eltern, deren Kinder bereits volljährig sind, oder Menschen, die sich beruflich mit Kindern und Jugendlichen beschäftigen, absprechen, dass sie ihre Wahlentscheidung nicht auch von der Familien- und Kinderpolitik einer Partei abhängig machen? Fraglich bleibt auch, ob die Eltern wirklich im Sinne der Kinder entscheiden. Politische Meinungen kann man nur für sich selbst haben. Was ist nun, wenn die Meinung der Jugendlichen von der ihrer Eltern abweicht? Geradezu lächerlich wird es, wenn auch noch die Eltern unterschiedliche Meinungen vertreten. Vorgeschlagen wird von den Befürwortern des Familienwahlrechts für diese Fälle der Gang vors Familiengericht oder die Schiedsstelle. Dort wird dann im Einzelfall entschieden, welcher Elternteil eher im Sinne und zum Wohle des Kindes abstimmen würde. Eine wohl eher absurde Vorstellung.

1 Bereite das Thema „Familienwahlrecht" für eine lineare Erörterung vor. Arbeite im Heft. Gehe so vor:
- Erschließe das Thema und erstelle mithilfe der vier Texte und weiterer Materialien eine Stoffsammlung.
- Bilde dir eine Meinung zu dem Thema und formuliere diese als These.
- Suche Argumente für deine These mit Belegen und Beispielen.
- Bedenke auch mögliche Gegenargumente.

2 Nummeriere die Argumente nach ihrer Gewichtung. Beginne mit dem schwächsten.

- ☐ Durch ein Familienwahlrecht bekommen Eltern und Kinder einen höheren Stellenwert.
- ☐ Durch ein Familienwahlrecht würde sich die Politik verändern.
- ☐ Durch ein Familienwahlrecht müssten die Reden der Politiker verständlicher werden.
- ☐ Durch ein Familienwahlrecht könnte die derzeitige Benachteiligung von Familien aufgehoben werden.
- ☐ Durch ein Familienwahlrecht werden die Interessen von Eltern und Kindern stärker als bisher in den Vordergrund gerückt.

Die Einführung eines Familienwahlrechtes ist sehr wichtig. Sicherlich würde sich die Politik verändern, denn wenn Minderjährige eine Stimme bekommen, nimmt dies Einfluss auf die Zusammensetzung der Wählerschaft. Laut einem Artikel in der Juristischen Wochenzeitschrift wäre dann die Gruppe der Minderjährigen größer als die der Senioren. Eltern und Kinder bekommen so einen höheren Stellenwert. Die Parteien müssten sich um rund 14 Millionen neue Wähler bemühen.
Obwohl angeblich viel für die Familien getan wurde, könnte durch ein Familienwahlrecht die real noch immer vorhandene Benachteiligung von Familien aufgehoben werden, denn die Politik ist bislang zu sehr auf die Alten ausgerichtet, z. B. bei den Renten, dem Gesundheitswesen, der Pflege. Es ist wichtig, die Interessen von Eltern und Kindern stärker in den Vordergrund zu rücken. Kinder sind in zunehmendem Maße ein Armutsrisiko. So ist die Anzahl von allein Erziehenden, besonders Frauen mit Kindern, die in Armut leben, von 1962/63 bis 1995 auf das Dreifache gestiegen. Im internationalen Vergleich hat in den letzten Jahren in Deutschland die Kinderarmut allgemein besonders stark zugenommen.

: 3 Entwickle aus dem Ausschnitt einer Erörterung den zugrunde liegenden Schreibplan. Arbeite im Heft.

: 4 Untersuche in dem Ausschnitt, ob die Argumente stimmig sind, die Belege und Beispiele zum jeweiligen Argument passen, Gegenargumente sinnvoll aufgegriffen wurden und die Formulierungen klar sind.

: 5 Fertige einen eigenen Schreibplan für eine Erörterung zum Thema „Familienwahlrecht" an. Formuliere die Einleitung aus. Arbeite im Heft.

Weiterhin ist es nicht einzusehen, dass man in vielen Bereichen des gesellschaftlichen Lebens Rechte und vor allem Pflichten, aber bis zum Alter von 18 Jahren keine Beteiligung an der Konstitution der Staatsgewalt hat, auch wenn Biologen behaupten, dass der Reifeprozess erst mit diesem Alter abgeschlossen ist. Es gibt keine sinnvolle Begründung, dass hier Unterschiede gemacht werden. Das zeigt sich z. B. bei der Strafmündigkeit, die bereits mit 14 Jahren einsetzt. Allerdings kenne ich mich im Strafrecht nicht so gut aus. Obgleich jeder nur eine eigene politische Meinung haben kann und die Vertretung durch die Eltern fraglich ist, könnte durch ein Familienwahlrecht zuerst einmal der Verstoß gegen Teile des Grundgesetzes aufgehoben werden. Hervorzuheben ist schließlich, dass jungen Menschen nicht generell der Einfluss auf die Politik entzogen werden darf, denn die Gesellschaft vergreist. So ist allgemein bekannt, dass die Menschen einerseits immer älter, andererseits aber immer weniger Kinder geboren werden. Das Gesetz beinhaltet nämlich den Grundsatz der Allgemeinheit der Wahlen und damit der Gleichheit aller. So geht derzeitig alle Macht nur vom volljährigen Volk aus.

: 6 Überprüfe diesen Ausschnitt einer Erörterung: Grenze durch Markierungen die einzelnen Argumente optisch voneinander ab. Markiere die Textstelle, an der der Verfasser den Themenbezug verlässt. Püfe, ob im Text die Anordnung der Argumente sinnvoll ist.

__________ Kinder und Jugendliche sicherlich viele andere Interessen haben, können sie sich __________ mit solchen Dingen beschäftigen, __________ nur so können sie ordentlich mitmischen. __________ sollten sie wissen, welche Positionen von den einzelnen Parteien vertreten werden.

7 Setze in die Lücken (Seite 86 unten) passende Verknüpfungsmittel ein. Untersuche anschließend die sprachliche Gestaltung des Ausschnitts.

8 Schreibe einen eigenen Hauptteil der Erörterung anhand deines Schreibplans. Arbeite im Heft.

9 Kreuze an, welche Forderungen bzw. Wünsche sinnvoll sind, und begründe. Überlege, wie mit den Forderungen/Wünschen der Bezug zur Einleitung hergestellt werden kann.

- ☐ Ich wünsche mir, dass die Politiker endlich mehr an die Familien denken.
- ☐ Vielleicht geht ja in Zukunft wirklich alle Macht vom gesamten Volk aus.
- ☐ Die Zukunft muss von denen mitgestaltet werden, die sie schließlich am längsten betrifft.
- ☐ Wenn Kinder und Jugendliche eine Stimme bekommen sollten, ist es wichtig, dass sie dafür gut vorbereitet werden, damit sie keine leichte Beute für extreme Parteien werden.

____

____

10 Formuliere einen eigenen Schluss und gib auch einen Ausblick auf Künftiges. Arbeite im Heft.

Du planst, an deiner Schule ein gesundes Frühstück für alle Schüler einzuführen. Dabei geht es vor allem darum, gesunde saisonale und regionale Produkte zu verwenden. Zunächst willst du deine Mitschüler, Lehrer und Eltern von deiner Idee überzeugen, aber auch Sponsoren für dein Vorhaben finden.

1 Überlege, welche Textsorten du verwenden kannst, um Schüler, Lehrer und Eltern für deine Idee zu begeistern, und welche Textsorten geeignet sind, um Sponsoren für dein Vorhaben zu finden.

____

! 2 Schreibe eine Rede, die du vor der Schülervertretung hältst, zum Thema „Gesundes Frühstück in der Schule". Überlege vorher, welches Ziel du mit dieser Rede verfolgst. Arbeite im Heft.

3 Verfasse einen Brief an die Eltern, an die örtlichen Bäcker, Bauern, . . ., in welchem du über das Vorhaben informierst, die Gründe darstellst und sie dazu bewegst, sich an dem Vorhaben zu beteiligen. Schreibe adressatengerecht. Arbeite im Heft.

4 Verfasse einen Artikel für die Schülerzeitung. Informiere über dein Vorhaben und stelle die Gründe für die Einführung des Frühstücks in der Schule dar. Arbeite im Heft.

! 5 Gestalte einen Beitrag für die Homepage deiner Schule. Dieser Beitrag soll vor allem helfen, Sponsoren zu finden, die dich bei deinem Vorhaben unterstützen.

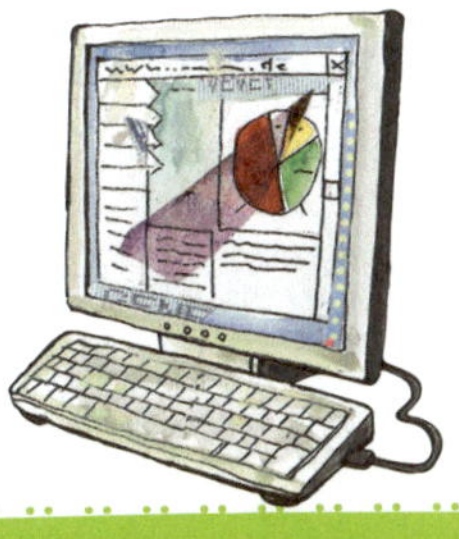

6 Überarbeite die Texte. Achte dabei auf:
- Adressatenbezug
- Merkmale der Textsorte
- Argumentationslogik
- sprachliche Angemessenheit (Stil)
- sprachliche Richtigkeit (Rechtschreibung, Grammatik, Zeichensetzung)
- Gestaltung

Schlecht in der Schule durch Computerspiele und starken Medienkonsum?

PC- und Fernsehbilder überfluten Gelerntes.

PC- und Fernsehbilder landen in demselben Gehirnbereich wie Schulstoff.

Elektronische Medien und deren Gebrauch können Sozialkontakte ausbauen.

Jugendliche dürfen so lange am PC spielen, wie sie wollen.

Computerspiele lösen Dopamin-Duschen aus.

Verstärkter Medienkonsum führt zur Abstumpfung und Einfallslosigkeit.

Müdigkeit am Morgen verhindert die Aufnahme von Lernstoff.

Bilder ziehen Kinder und Jugendliche magisch an.

Computerspiele sind interessanter als das „normale" Lernen.

Je länger Jugendliche vor der Spielkonsole sitzen, umso schlechter werden die Schulnoten.

Jugendliche erhalten positive Rückmeldung, wenn sie den Gebrauch der modernen Medien beherrschen.

Computerspiele fördern mehrschichtiges Denken und Intuition.

Häufige Computerspiele schränken das Lesen ein.

40 Prozent der Jungen und 16 Prozent der Mädchen besitzen eine eigene Spielekonsole.

Computerspiele steigern die Kreativität.

Happy-Slapping-Filme führen zu Schlafstörungen.

Dopamin-Stöße bei Computerspielen verhindern die Verankerung des in der Schule Gelernten.

Die Möglichkeiten zur Entwicklung des eigenen Vorstellungsvermögens werden eingeschränkt.

Jungen sind gefährdeter als Mädchen.

Übermäßiger PC-Gebrauch kann zur Sucht führen.

Verankern von Schulstoff im Langzeitgedächtnis benötigt mindestens einen Tag.

Fehlendes Problembewusstsein von Eltern führt zur Fehleinschätzung der möglichen Gefahren.

: 1 Prüfe die Argumente und überlege dir, welche du überzeugend findest, mit welchen Belegen und Beispielen du sie stützen kannst und welche du widerlegen könntest. Beziehe zu der strittigen Frage Position und formuliere eine zentrale These. Arbeite im Heft.

: 2 Fertige einen Schreibplan für eine Pro- und Kontra-Erörterung an. Entscheide, nach welchem Gliederungsschema (Seite 44) du deine Argumente im Hauptteil anordnen willst. Arbeite im Heft.

! : 3 Schreibe die Erörterung. Formuliere in der Einleitung deine zentrale These und deine Intention. Stelle im Hauptteil deine Argumente dar und belege sie. Fasse im Schlussteil die wesentlichen Aspekte zusammen und ziehe ein Fazit. Überarbeite anschließend deinen Text.

Loch im Kind nervt viele Eltern

Streit um Piercing führte bis zum Petitionsausschuss des Bundestages

■ **Berlin.** Spätestens seit „bauchfrei“ zum Muss im Modesommer 2003 geworden ist, sind die silbernen oder bunt glitzernden Piercings am Bauchnabel beinahe Standard. Auch gelöcherte Nasen oder Zungen sind beliebt. Was dem einen verführerisch erscheint, sehen Eltern minderjähriger Kinder oft ganz anders. Manche würden wohl am liebsten verbieten, dass sich ihr Nachwuchs für den Körperschmuck „stechen“ lässt. Experten winken ab: Die rechtlichen Möglichkeiten für ein Verbot sind dünn. Zudem zeigt die Erfahrung: Kids, die sich piercen lassen wollen, finden einen Weg.

Die Diskussion ins Rollen gebracht hat der Vater einer 13-Jährigen. Er ging bis zum Petitionsausschuss des Bundestages und beschwerte sich dort, dass sich die Tochter ohne seine Einwilligung ein Bauchnabelpiercing stechen ließ und er nicht rechtlich gegen den Studiobetreiber vorgehen könne.

So kurios es klingen mag – wie bei einer Blinddarmoperation oder beim Zähneziehen handelt es sich nach Auskunft des Justizministeriums beim Piercen strafrechtlich gesehen um eine Körperverletzung. Und die ist nur gerechtfertigt, wenn der Betroffene seine Einwilligung gibt. Egal, ob Kind oder Erwachsener: Die Fähigkeit zur Einwilligung sei keine Frage des Alters, sondern „der geistigen und sittlichen Reife“, erklärt das Bundesjustizministerium.

Fazit: Wenn der Jugendliche einschätzen kann, worauf er sich einlässt, darf der Piercer straflos stechen. Hat der Jugendliche die Reife nicht, muss die Einwilligung der Eltern her.

„Wir versuchen Kinder vor Alkohol und Nikotin zu schützen, aber das Piercen hat scheinbar noch keine Aufmerksamkeit in der Politik gefunden“, klagt die Vorsitzende des Petitionsausschusses, Marita Sehn (FDP). Die rechtliche Lage sei momentan eine „Grauzone“ für Eltern und Betreiber der Studios.

Die Politikerin bezweifelt, dass jeder Piercer einschätzen kann, ob die Jugendlichen mit einer fixen Idee oder nach langem Nachdenken über die Gefahren des Körperschmucks ins Studio kommen. Zumindest für Jugendliche unter 16 Jahren sollte die Einwilligung der Eltern Pflicht sein – zur Klarstellung für beide Seiten. […]

1 Lies den Artikel und formuliere die strittige Forderung in einem Satz.

2 Unterstreiche im Text Argumente, mit denen diese Forderung untermauert wird. Versetze dich in die Rolle des Vaters, der sich an den Petitionsausschuss gewendet hat. Welche Argumente hätte er deiner Meinung nach vorbringen können, um seine Forderung überzeugend darzustellen? Suche selbst weitere Argumente. Lege eine Tabelle mit Pro- und Kontra-Argumenten an und notiere die Pro-Argumente mit Belegen und Beispielen. Arbeite im Heft.

a) Jugendliche wissen nicht, welche Folgen ein Piercing haben kann: Entzündungen und Narbenbildung, aber auch gesellschaftliche Nachteile, denn nicht überall ist ein Piercing gerne gesehen. Und wer kann es sich heute leisten, beispielsweise die Chancen auf einen Ausbildungsplatz zu gefährden?

b) Jugendliche wollen heute dies und morgen das. Sie leiden auch schon mal unter Geschmacksverirrungen, und dass Piercings schön sind, kann nun wirklich niemand behaupten.

c) Auch das Bundesjustizministerium spricht von Körperverletzung im Zusammenhang mit Piercings. Die Einwilligung in eine Operation Jugendlicher unterschreiben schließlich auch die Erziehungsberechtigten.

3 Stell dir vor, du wärst ein Mitglied des Petitionsausschusses. Beurteile die Überzeugungskraft der Darlegungen des Vaters auf Seite 89 unten. Bestimme die Art der Argumente. Ergänze deine Tabelle.

4 Versetze dich in einen Jugendlichen und in einen Betreiber eines Piercing-Studios. Sammle aus deren Sicht Kontra-Argumente und notiere sie ebenfalls in der Tabelle.

! 5 Schreibe auf der Grundlage deiner Tabelle eine Pro- und Kontra-Erörterung zu dieser strittigen Forderung. Entscheide dich für ein Gliederungsschema (siehe Seite 44) und fertige einen Schreibplan an. Achte bei der Ausformulierung auf die logische Verknüpfung der Argumente.

! 6 Lies auf Seite 48 nach, was eine Synthese ist. Überlege dir eine mögliche neue Position und formuliere sie. Verfasse dann eine dialektische Erörterung zu diesem Thema. Arbeite im Heft.

! 7 Formuliere deine Meinung als Leserbrief zu dem Artikel „Loch im Kind nervt viele Eltern" (Seite 89). Arbeite im Heft.

Raucherfreie Schule?

Sollen Unternehmen in Schulen als Sponsoren auftreten?

Können TV-Serien eine Lebensberatung sein?

Werden Jungen in der Schule benachteiligt?

Sollten Schüler ihr Taschengeld durch Nebenjobs aufbessern?

Führerschein ab 16?

Sollen gewaltverherrlichende Computerspiele verboten werden?

Tragen die massiven Steuererhöhungen auf Alcopops und Alkoholmischgetränke zu einem veränderten Konsumverhalten von Jugendlichen bei?

1 Entscheide dich für ein Thema, zu dem du eine Pro- und Kontra-Erörterung schreiben sollst. Notiere als Erstes in Stichworten, wie du bei den einzelnen Arbeitsschritten vorgehst, was du beachten musst und welche Arbeitstechniken und Methoden dir helfen.

1. Das Thema erschließen: ____________________

____

2. Eine Stoffsammlung erstellen: ____________________

____

3. Einen Schreibplan anfertigen: ____________________

____

4. Die Erörterung schreiben und überarbeiten: ____________________

____

2 Führe die Arbeitsschritte durch und schreibe die Erörterung. Arbeite im Heft.

Auf der nächsten Sitzung der Schulkonferenz soll entschieden werden, ob an der Schule Uniformen eingeführt werden. Aus diesem Grund wurden die Schüler aufgefordert, ihre Meinung den Teilnehmern der Konferenz in Briefen mitzuteilen.

An
Herr Meierlowsky (Neustadt)
K. Kabel
(auch Neustadt)
Betreffen: Wegen der einführung von der schuluniform

Hallo!
*das mit der schuluniform geht nicht, das geht auf keinen fall! Das ist doch total bekloppt. Da laufen ja alle gleich rum hinterher. Andererseits ist so eine uniform billig. Ich hätte dann mehr kohle übrig für kickstiefel und was ich sonst noch so brauche. Aber ich will ja ein individualer bleiben sie vielleicht nicht? *smile* Dann stört mich und bestimmt viele andere 7er noch dass ja jeder einen anderen geschmack haben tut. Dann kostet so eine uniform ja auch geld. Dann bleibt doch wieder kein geld übrig. Dann spricht gegen die uniformität dass man sich zwar mit seiner schule infizieren kann. In meiner freizeit die wo eh so knapp ist will ich das aber nicht. Ist das klar?! Wenn wir bei uns im verein uniform tragen – zum beispiel bei einem auftritt oder einem umzug oder einem stadtfest – ist das OK. Nicht in der schule aber. Wenn die typen vom gymnasium auch uniformen tragen würde jeder jeden erkennen. :-(Andererseits sieht das natürlich gut aus. Bei fotos oder feiern oder anderen Festitäten wo man die Schule repräsiert. Verhindern sie das bloß – sie haben doch mehr zu sagen als alle anderen. Und sie sind bestimmt kompetenz genug das zu verhindern. Oder? :-)Hören sie! Ich will keine uniform tragen. Ich will nicht aussehen wie alle anderen! Oder zwingen sie uns dann eines Tages alle ärzte oder tote hosen zu hören? Mir wäre das recht. Aber? ;-) Dann wäre es schwer den geschmack von uns zu treffen. Von uns allen. D`accord? Jeder hat einen eigenen geschmack. Mögen Sie beige und apricot? Ich schon! Also! Und bei uns in der d favoritiert jeder eine andere farbe! Andererseits habe ich beim englandaustausch ein krasses teil beim Steven gesehen. Steven ist jetzt mein Kumpel in england. In england tragen sie uniformen und die sah gut aus. War einfach ätherisch vor allem die hosen und das sweatshirt. Er fands auch Ok. *grins* Weg mit der uniform – es wäre final, wenn sie der einführung zustimmen täten!*

Also dann, untertänigst ihr K.
Kabbl :)
(K. Kabl)

Anlage angefügt: Ich füge eine unterschriftenliste von mir und meinen kumpels bei

1 Untersuche und beurteile den Brief nach folgenden Kriterien:
- adressatengerecht
- Schreibanlass
- Schreibziel (Position des Verfassers)
- Argumentation (z. B. vollständig, überzeugend, eindeutig)
- Aufbau der Argumentation (z. B. vom schwächsten zum stärksten Argument, nur Argumente für die eigene Position, mögliche Gegenargumente entkräften)
- sprachliche Gestaltung (z. B. Überleitungen, Satzbau, Gebrauch von Fremdwörtern)

2 Überarbeite den Brief inhaltlich und sprachlich am Computer. Achte auch auf die äußere Gestaltung.

Johannes Rux: „Mehmet“ und der Erziehungsauftrag des Staates

Bei allem Verständnis für das legitime Bedürfnis des Staates und der Gesellschaft, Normverstöße zu sanktionieren, erscheint es nicht gerechtfertigt, wenn sich der Staat in diesen Fällen seiner eigenen (Mit-)Verantwortung entzieht und den Straftäter aus der Gesellschaft ausstößt, indem er ihn in ein für ihn weitgehend fremdes Land abschiebt, das ihn kaum mit offenen Armen willkommen heißen wird. Auch wenn die bayerischen Behörden im Fall „Mehmet“ versucht haben, die gesamte Verantwortung für die Entwicklung des jungen Mannes auf seine Eltern abzuwälzen, belegt nämlich der Umstand, dass „Mehmet“ bereits vor seinem 14. Geburtstag so häufig durch Straftaten aufgefallen ist, auch und vor allem, dass die Behörden ihrer Pflicht, über die Pflege und Erziehung der Kinder durch ihre Eltern zu wachen, nicht in hinreichendem Maße gerecht geworden sind. In diesem Zusammenhang ist weiterhin zu beachten, dass der Staat den Anspruch erhebt, den Kindern und Jugendlichen in den Schulen „nicht nur Wissen und Können zu vermitteln, sondern auch Herz und Charakter [zu] bilden“, ihnen „Ehrfurcht vor Gott, Achtung vor religiöser Überzeugung und vor der Würde des Menschen, Selbstbeherrschung, Verantwortungsgefühl und Verantwortungsfreudigkeit, Hilfsbereitschaft, Aufgeschlossenheit für alles Wahre, Gute und Schöne und Verantwortungsbewusstsein für Natur und Umwelt“ zu vermitteln. Gerade weil sich „Mehmet“ über Jahre hinweg immer wieder der Pflicht zum Schulbesuch und damit auch den Erziehungsversuchen des Staates entzogen hat, hätten die Behörden früher, intensiver oder jedenfalls anders eingreifen müssen. Wenn sie das nicht getan haben oder wenn alle Versuche, auf „Mehmet“ einzuwirken, gescheitert sind, dann trägt aber auch der Staat einen Teil der Verantwortung für diese Entwicklung und er muss dem jungen Menschen, bei dem diese Ziele offensichtlich noch nicht erreicht worden sind, wenigstens die Chance geben, nach Verbüßung einer Freiheitsstrafe in sozialer Verantwortung ein Leben ohne Straftaten zu führen.

[...] Die Ausländerbehörden [müssen] bei der Entscheidung über die Ausweisung eines Ausländers, der in Deutschland geboren und aufgewachsen ist oder der aufgrund seines langjährigen Aufenthaltes ebenfalls als „faktischer Inländer“ angesehen werden muss, daher immer auch prüfen, ob der Staat das ihm Mögliche unternommen hat, um den Betroffenen zu einem selbstverantwortlichen Mitglied der Gesellschaft zu erziehen. Denn allenfalls dann stellt die Abschiebung als Sanktion eines Normverstoßes keinen unverhältnismäßigen Eingriff dar.

! : 1 Analysiere die Argumentation des Textes.

- Notiere kurz am Rand, zu welchem Problem der Autor Stellung nimmt und welche These er vertritt.
- Unterstreiche Argumente, Belege und Beispiele. Bestimme, um welche Arten von Argumenten es sich handelt, und wie der Autor sie anordnet.
- Markiere Schlüsselbegriffe, die zeigen, wie sich der gedankliche Zusammenhang entwickelt.
- Beschreibe im Heft, wie der gedankliche Zusammenhang durch sprachliche Mittel verdeutlicht wird (z. B. konjunktionale Satzverknüpfungen, Mittel der Modalität, ...).
- Notiere kurz im Heft, welche Absicht der Autor mit seinem Text verfolgt. An welchen sprachlichen Mitteln wird das deutlich?

! : 2 Welche Haltung nimmst du zu dem Problem ein? Suche weitere eigene Argumente und notiere sie im Heft.

: 3 Fertige einen Schreibplan für die textgebundene Erörterung an. Orientiere dich an der Tabelle auf Seite 57. Arbeite im Heft.

: 4 Schreibe die textgebundene Erörterung. Überprüfe und überarbeite sie anhand der Kriterien auf Seite 57.

Karen Krüger: Generation „neue Väter" (2007)

Männer unter Druck: Wer sich seiner Rolle als engagierter Familienvater weiterhin entzieht, soll es künftig schwerer haben in Beruf und Gesellschaft. Das ist leichter gesagt als getan.

Im Geburtsvorbereitungskurs lernt ein werdender Vater, wie er das Neugeborene badet. Plagt ihn die Sorge, das Kleine ungeschickt anzufassen, hilft ein Baby-Schwimmkurs. Kommt er abends erst nach Hause, wenn der Nachwuchs schon schläft, holt er beim Vater-Kind-Wochenende die versäumte Spielzeit mit Indianergeheul und Kletterkursus nach. Und sollte er einmal gar nicht wissen, wie er seinem Nachwuchs eine Freude bereiten könnte, findet er Hilfe im „Väter-Online-Shop" – in Deutschland erleben Vater-Kind-Angebote derzeit einen Boom.

„Neue Väter" brauche das Land, verkündete schon im November 2005 die designierte Familienministerin von der Leyen – und fordert seither ein Ende der „vaterlosen Gesellschaft". […] Partnerschaftlich orientiert, offen für Erziehungszeiten, geduldig und ihrem Kind zugewandt sollen die „neuen Väter" sein. In anderen europäischen Ländern gilt ein Vater, der sich nicht für seine Kinder interessiert, als unschicklich – nun ist dies offenbar auch in Deutschland der Fall.

✱ **vaterlose Gesellschaft:** Alexander Mitscherlich, Psychoanalytiker, „Auf dem Weg zur vaterlosen Gesellschaft" (1963)

[…] Verschiedene Indizien weisen […] darauf hin, dass die Bereitschaft, nach neuem Leitbild zu leben, steigt: Der Anteil der Väter, die in Elternzeit gehen, ist seit dem Jahr 2001 von zwei auf rund fünf Prozent gestiegen. […] Als resistent gegen die Aufweichung traditioneller Geschlechterrollen outeten sich aber immerhin fast 18 Prozent: Für sie ist Kindererziehung reine Frauensache. Rund 28 Prozent der Männer entsprechen dagegen dem Leitbild des „neuen Vaters". […]

Immer mehr Männer wollen engagierte Väter sein. Es bleibt jedoch bei der Wunschvorstellung, wenn die Emanzipation von der traditionellen männlichen Vaterrolle nicht wirklich gelingt: Gesellschaftliche Leitbilder verändern sich schneller als Geschlechteridentitäten; viele Männer hinken der Entwicklung hinterher. […] Der sogenannte „fassadenhafte Vater" (25 Prozent) […] will für sein Kind da sein und verurteilt das traditionelle Rollenmodell. In der Praxis jedoch überlässt er den Nachwuchs meistens der Mutter: Er fühlt sich in Erziehungsfragen überfordert und reagiert hilflos, wenn es um das Lösen von Aufgaben im Haushalt geht. […] Den meisten jungen Vätern fehlt es an Vorbildern in der eigenen Familie, wie sich Vaterschaft „ganzheitlich" leben lässt. Sie gehören einer Generation an, deren Väter als Brötchenverdiener sehr viel weniger Zeit mit dem Nachwuchs verbrachten als die Hausfrauen-Mütter. Das männliche Rollenrepertoire, das sie auf diese Weise in ihrer Kindheit kennenlernten, sieht Verantwortung bei der Erziehung und emotionale Nähe zwischen Papa und Kind nur in minimalen Dosen vor – und dann vor allem auf traditionell männlichen Gebieten wie Sport und Technik. Unbewusst greifen die Jungen von damals bei der Erziehung der eigenen Kinder auf diese Erfahrung zurück – was man als Kind und Jugendlicher lernt, hält unter Umständen ein Leben lang. Sich davon zu lösen erfordert einen tiefen Reflexionsprozess.

Generation „neue Väter"

! : 1 Analysiere den Text. Beziehe Erfahrungen aus deinem persönlichen Umfeld ein.

! : 2 Setze dich mit dem Text und dem Problem in einer textgebundenen Erörterung auseinander.

: 3 Überprüfe und überarbeite deine textgebundene Erörterung.

LÖSUNGEN

Seite 16, Aufgabe 1
Ein Argument wird durch Belege, Beispiele oder Zitate gestützt. Durch Argumente wird eine These begründet. Thesen können aus Behauptungen oder Forderungen bestehen.

Seite 16, Aufgabe 2
Beispiele: pro: Identifikation mit der Schule, im Unterricht keine Ablenkung durch aufreizende Kleidung; kontra: trotzdem soziale Unterschiede vorhanden, Uniformität

Seite 16, Aufgabe 3 und 4
A: durch die Benutzung der Handys in den Pausen grenzen sich die Schülerinnen und Schüler von der Klassengemeinschaft ab (Faktenargument); B: Ein Verbot, das nicht durchgesetzt werden kann, ist pädagogisch nicht besonders sinnvoll (normatives Argument)

Seite 16, Aufgabe 5
B: Wie sich an Schulen mit Handyverbot schon gezeigt hat, schmuggeln die Schüler trotzdem die Geräte in die Schule und benutzen sie dort natürlich auch.

Seite 17, Aufgabe 6
Beispiele/Anordnung im Suchfenster: Abgrenzung von Klassengemeinschaft (pro, eher stark); Verbot, das nicht durchgesetzt werden kann, nicht sinnvoll (kontra, Mitte); unerlaubte Hilfsmittel bei Klassenarbeiten (pro, Mitte); Handy hat Schutzfunktion (kontra, eher stark)

Seite 17, Aufgabe 7
Beispiele: Man kann sich in der Klasse einigen, dass in den Pausen die Handys nicht benutzt werden. Oft benutzen Schüler Handys in Pausen aus Langeweile; wenn interessante Pausenbeschäftigung stattfindet oder Klasse guten Zusammenhalt hat, werden viele von allein darauf verzichten.

Seite 30, Aufgabe 1
Diskussion, Debatte

Seite 30, Aufgabe 2
1. Diskussion, 2. Konferenz (Diskussion), 3. Diskussion, Debatte, 4. Debatte, Konferenz, 5. Diskussion

Seite 30, Aufgabe 3
a) richtig, b) falsch, c) richtig

Seite 30, Aufgabe 4
Unterschied Podiumsdiskussion zur Diskussion: immer geleitet, finden vor (und für das) Publikum statt, die Teilnehmer sind Experten auf dem Gebiet, immer geplant und gut vorbereitet (entstehen nicht spontan), beziehen nach einiger Zeit das Publikum mit ein

Seite 31, Aufgabe 5
a) falsch, b) richtig, c) richtig, d) falsch

Seite 31, Aufgabe 6
Gesprächsrunde mit mehreren Personen unterschiedlicher beruflicher und sozialer Herkunft tauscht ihre Meinung über ein meist aktuelles Thema aus; ein Moderator übernimmt die Gesprächsführung, manchmal auch zwei; Gespräch wird vor Publikum geführt, das durch die Beiträge in seiner Meinungsbildung angeregt, aber auch unterhalten werden soll; es muss kein bestimmtes Ergebnis erzielt werden

Seite 31, Aufgabe 7
jeder Gesprächsteilnehmer muss dem anderen genau zuhören, ihn ausreden lassen, seine eigene Meinung begründen, andere Meinungen gelten lassen und tolerieren

Seite 32, Aufgabe 8
den Beitrag des Vorredners, Thema genau klären, (genau, gründlich) informieren, sachlich formulieren, nicht mit „Killerphrasen" (Totschlagargumenten) abblocken, Argumenten begründen, Beispielen

Seite 32, Aufgabe 9
Beitrag von Benedikt: knüpft nicht an einen Vorredner an, Beitrag sachlich formuliert, begründet und belegt; Beitrag von Mirjam: knüpft zwar an Vorredner an, aber unsachlich mit „Killerphrase", weiterer Beitrag behandelt nicht die Frage, ob Rauchverbot sinnvoll, sondern beschreibt nur, wie ein solches Verbot umgangen wird

Seite 32, Aufgabe 10
a) falsch, b–d) richtig

Seite 59, Aufgabe 1
a) richtig, b) falsch, c) falsch, d) richtig, e) falsch, f) richtig

Seite 59, Aufgabe 2
lineare Erörterung: a, d; Pro- und Kontra-Erörterung: b, c, e, f

Seite 60, Aufgabe 3
das Thema erschließen, eine Stoffsammlung erstellen, einen Schreibplan anfertigen, die Erörterung schreiben und überarbeiten

Seite 60, Aufgabe 4
linear = geradlinig, für eine Seite entscheiden, nur Argumente für diese Seite anführen, Argumente vom schwächsten zum stärksten ordnen, evtl. Gegenargumente im Vorfeld entkräften

Seite 60, Aufgabe 5–7

Argumentation des Justizbeamten: bisher Autorität nie wegen Tätowierungen in Frage gestellt worden, Verbot = Einschränkung der Persönlichkeitsentfaltung, wurde mit seinen Tätowierungen eingestellt; weitere mögliche Argumente: Wandel der Einstellung gegenüber Tattoos in der Öffentlichkeit, Beeinträchtigung der Gesundheit im Sommer, wenn langärmlige Kleidung, Diskriminierung wegen Äußeren; Argumentation des Gerichts: widerspricht der Forderung nach einheitlichem und neutralem Auftreten der Justizbeamten, Tattoos könnten durch Ähnlichkeit mit denjenigen der Strafgefangenen zu Distanzverlust und Schwächung der Autorität führen, keine Einschränkung der Persönlichkeitsentfaltung, da Verbot auf Dienstzeit beschränkt; weitere mögliche Argumente: Vorbildfunktion des Beamten, zumutbare Anpassung

Seite 61, Aufgabe 8

Gemeinsamkeiten: strittiges Thema, schriftliche Argumentation, Einleitung, Hauptteil, Schluss; Unterschiede: Pro- und Kontra-Erörterung kontroverses Thema, Pro- und Kontra-Argumente abwägen und zu eigenem begründeten Urteil gelangen, unterschiedliche Argumentation im Hauptteil

Seite 61, Aufgabe 9–11

siehe Materialien S. 20–23, 32

Seite 61, Aufgabe 12

die Argumentation des Textes analysieren, einen Schreibplan erstellen, die Erörterung schreiben und überarbeiten

Seite 61, Aufgabe 13

Inhalt/zentrale Textaussagen, Aussageabsicht (Intention), Argumentationsgang/-aufbau: These, Argument, Beispiel/Beleg, Arten von Argumenten, sprachliche Auffälligkeiten

Seite 61, Aufgabe 14–17

Thema: Folgen, welche die Aufnahme von Frauen in die Bundeswehr hatte; Absicht: Aufnahme der Frauen in die Bundeswehr als gesellschaftlich sinnvoll darzustellen; Öffnung der Bundeswehr für Frauen lief positiv, Frauen haben sich erfolgreich in Männerdomäne behauptet, überwiegend sachliche Formulierungen, Stützung durch Zahlen und Zitate, teilweise wertende Textstellen (Absicht der Autorin wird deutlich), an vielen Stellen vage und schwammige Formulierungen (z. B. „... recht schnell und vergleichsweise unauffällig"); kritische/negative Aspekte bleiben ausgeblendet (z. B. Vereinbarkeit von Familie und Beruf ↔ gefährliche Auslandseinsätze; Ungleichbehandlung von Frauen und Männern (Männer müssen Wehr- oder Ersatzdienst leisten, Frauen können Zeit- oder Berufsoldatinnen werden))

ARGUMENTATIONS- UND ERÖRTERUNGSTHEMEN

Textquellen:

S. 7: GEOlino Onlineartikel v. 27.08.2004. Unter: http://www.geo.de/GEOlino/nachrichten/2695.html (Stand: 29.09.2008) © 1996–2008 GEOlino.de; – **S. 20:** Rauchen und Konsum alkoholischer Getränke in der Schule: Unter: http://cdl.niedersachsen.de/blob/images/C10980977_L20.pdf (Stand: 29.09.2008); – **S. 24:** Stechuhr in der Schule: Geolino Onlineartikel v. 15.09.2004. Unter: http://www.geo.de/GEOlino/nachrichten/2773.html (Stand: 29.09.2008) © 1996–2008 GEOlino.de; – **S. 25:** Meine Schule und ich: Finnland; aus: GEOlino Nr. 10/2003. Hamburg: GEO-Zeitschriftengruppe im Verlag Gruner + Jahr AG & Co.KG, Hamburg 2003; – **S. 42:** Nach: Fall Mehmet: Unser Sohn ist krank im Kopf. Onlineartikel v. 05.03.2005. Unter: http://www.rp-online.de/public/article/nachrichten/journal/justiz/deutschland/80417 (Stand: 29.09.2008) © RP-online, Düsseldorf 2005; Aus einer TV-Reportage zum Thema Jugendstrafrecht: Caroline Walter: Mit 18 in den Knast – die CDU will das Jugendstrafrecht kippen. Onlineartikel zur Kontraste-Sendung vom 28.08.2004. Unter: http://www.rbb-online.de/_/kontraste/beitrag_drucken_jsp/key=rbb_beitrag_1157763.html (Stand: 29.09.2008) © rbb Fernsehen, Redaktion Kontraste, Berlin 2004; – **S. 43:** Gabriele Karl, Das Jugendstrafrecht: Für die einen eine fragwürdige Chance, für die anderen das sichere Todesurteil! Pressemitteilung v. Februar 2005. Unter: http://www.opfer-gegen-gewalt.de/jugendstrafrecht.html © OPFER gegen GEWALT e.V., München; – **S. 48:** Claudia Voigt : Fürsorglichkeit kann auch männlich sein. Interview mit Hans Bertram, Soziologe und Berater von Familienministerin Ursula von der Leyen. Spiegel-Onlineartikel v. 27.02.2007. Unter: http://www.spiegel.de/panorama/0,1518,468867,00.html (Stand: 29.09.2008) © SPIEGEL ONLINE 2007; – **S. 53:** Alkoholverbot für Fahranfänger? aus: Göttinger Tageblatt vom 14./15.10.2005; – **S. 54 f.:** Nur Deutsch auf dem Schulhof – Mehrsprachigkeit ist ein kostbares Gut! Pressemitteilung Universität Dortmund/Ref. f. Öffentlichkeitsarbeit/Ole Lünnemann v. 31.01.2006. Unter: http://idw-online.de/pages/de/news145188 (Stand 10.10.2008) © 1995–2008 Informationsdienst Wissenschaft e.V. Autor: Prof. Dr. Ludwig Hoffmann; – **S. 60:** Justizbeamter darf kein Tattoo zeigen: aus: Frankfurter Allgemeine Zeitung v. 21.06.2005, S. 24; – **S. 62:** Susanne Amann: Emanzipation im Kampfanzug. Frauen in der Bundeswehr. Spiegel-Onlineartikel v. 05.02.2006. Unter: http://www.spiegel.de/politik/deutschland/0,1518,398774,00.html (Stand: 29.09.2008) © SPIEGEL ONLINE 2006; – **S. 65:** Handy-Verbot in Schulen? Pro: Volkmar Kumpfert, Contra: Katrin Höhmann. Aus: Pädagogik, 53. Jahrgang, Heft Nr. 5/2001. Hamburg: Pädagogische Beiträge Verlag GmbH in der Verlagsgruppe Beltz, Hamburg; – **S. 68:** Und nachts rieseln die künstlichen Flocken. aus: Schwäbisches Tagblatt vom 04.02.1997. Tübingen: Verlag Schwäbisches Tagblatt GmbH, 1997, Autorin: Inge Staub; – **S. 70:** Mehrheit der Bundesbürger für Gewaltandrohung in Verhören (ddp, AP): Onlineartikel vom 26.02.2003. Unter: http://www.faz.net/s/Rub02DBAA63F9EB43CEB421272A670A685C/Doc~ED46F5F75687D40BBA2E0B6799B916D58~ATpl~Ecommon~Sspezial.html (Stand: 29.09.2008) © F.A.Z. Electronic Media GmbH 2001-2006; – **S. 71:** Eine Leserreaktion, Der Fall Daschner. Onlineartikel vom 29.11.2004. Unter: http://www.blogigo.de/machopan/entry/36077 (Stand: 29.09.2008) © Copyright Machopan, Rolf R. Foell, 47400 Tonneins, Frankreich. E-mail: machopan@machopan.com; Aus einer Pressemitteilung: Mathias Krause: Folter in der BRD wieder salonfähig?!? Pressemitteilung Bundes-vorstand Rote Hilfe e.V. Unter: http://www.libertad.de/inhalt/archiv/libertad/2004/12/EEpFIZEIVpYGUJbxpv.shtml (Stand: 29.09.2008) © Libertad! 2004; – **S. 74:** Werbung als Programm: aus: werben & verkaufen. Heft Nr. 51/2004. München: Europa-Fachpresse-Verlag, 2004, S. 48; – **S. 81:** Anna Reimann: Schüler begrüßen Deutsch-Pflicht. Onlineartikel v. 23.01.2006. Unter: http://www.spiegel.de/schulspiegel/0,1518,396842,00.html (Stand: 29.09.2008) © SPIEGEL ONLINE 2006; Muttersprache gehört in die Schule: Interview mit Kaija Kutter. Onlineartikel v. 26.01.2006. Unter: http://www.taz.de/index.php?id=archivseite&dig=2006/01/26/a0063 (Stand: 29.09.2008) © taz Entwicklungs GmbH & Co. Medien KG, 2008; – **S. 84:** Lore Maria Peschel-Gutzeit: Unvollständige Legitimation der Staatsgewalt oder: Geht alle Staatsgewalt nur vom volljährigen Volk aus? In: Neue Juristische Wochenzeitschrift (NJW), 50. Jahrgang, Heft Nr. 43/1997. München: C.H.Beck, 1997, S. 2861 ff.; – **S. 85:** Interview mit Paul Kirchhof. Aus: Rheinischer Merkur (Nr. 47) v. 21.11.2002. Bonn: Verlag Rheinischer Merkur, S. 22; Irmingard Schewe-Gerigk: Nein zum Familienwahlrecht. Onlineartikel vom 06.06.2003 Gastkommentar. Unter: http://www.welt.de/print-welt/article238956/Nein_zum_Familienwahlrecht.html (Stand: 30.09.2008) © WELT ONLINE 2008; – **S. 89:** Loch im Kind nervt viele Eltern: aus: Jürgen Schwarz: Grenzfälle – Ethische Fragen im Widerstreit. Lichtenau: AOL-Verlag, 2004, S. 28. Autorin: Nadine Schwede; – **S. 92:** Johannes Rux: „Mehmet" und der Erziehungsauftrag des Staates: aus: Zeitschrift für Ausländerrecht und Ausländerpolitik (ZAR), Heft 2002, S. 416–418. Baden-Baden: Nomos Verlagsgesellschaft mbH & Co. KG, 2002; – **S. 93:** Karen Krüger: Generation „neue Väter" (2007). aus: Frankfurter Allgemeine Sonntagszeitung vom 18.02.2007 (Nr. 7), S. 55, Frankfurt am Main 2007

Bilquellen:

S. 28: Imago Stock & People (Götz Schleser), Berlin;– **S. 39:** Picture-Alliance (Arne Dedert), Frankfurt; – **S. 42:** Picture-Alliance (dpa/Peter Kneffel), Frankfurt; – **S. 49:** GLOBUS Infografik GmbH, Hamburg; – **S. 66:** Logo, Stuttgart; – **S. 70:** Picture-Alliance (dpa/Boris Roessler), Frankfurt; – **S. 82:** CCC, www.c5.net (Plaßmann), Pfaffenhofen a.d. Ilm; – **S. 93:** f1 online digitale Bildagentur (Johnér), Frankfurt

1. Auflage 1 6 5 4 3 2 | 15 14 13 12 11

Alle Drucke dieser Auflage sind unverändert und können im Unterricht nebeneinander verwendet werden.
Die letzte Zahl bezeichnet das Jahr des Druckes.

Autorinnen: Sabine Utheß, Berlin

Redaktion: Susanne Altmann-Liebold
Herstellung: Carina Riehl

Gestaltung: one pm Grafikdesing Petra Michel, Stuttgart
Illustrationen: Iris Blanck, Hamburg; Maja Bohn, Berlin; Axel Fahl, Reichelsheim; Eike Marcus, Berlin; Jörg Mühle, Frankfurt a. M.; Dorina Tessmann, Berlin; Inge Voets, Berlin
Satz: Markus Schmitz, Büro für typografische Dienstleistungen, Altenberge
Reproduktion: Meyle + Müller Medien-Management, Pforzheim
Druck: Mediahaus **Biering** GmbH, München

Printed in Germany
ISBN 978-3-12-927207-7

9 783129 272077